中等职业教育“十四五”规划教材
职业教育课程改革规划创新教材

新编财务会计习题集

卓茂荣　张惠琴　主编

中国石化出版社
HTTP://WWW.SINOPEC-PRESS.COM
中国经济出版社
CHINA ECONOMIC PUBLISHING HOUSE

内 容 提 要

《新编财务会计习题集》是与《新编财务会计》教材相配套的练习册，《新编财务会计》共有十五个大项目、六十五个子项目，每个子项目都能在本习题集里找到对应的练习，每个子项目的练习都分成理论与业务两部分，理论部分的题型有判断题、单项选择题和多项选择题。习题集中的业务题均来源于中小企业的会计实践，学习者通过业务训练，能大大提高财务会计实务的操作水平，为后续会计实务模拟实习打下良好的基础。

本书适合职业院校财经类专业学生和在职财务人员参考使用。

图书在版编目(CIP)数据

新编财务会计习题集 / 卓茂荣，张惠琴主编.
北京 ：中国石化出版社，2025. 4. — ISBN 978-7-5114-7915-0
Ⅰ. F234.4-44
中国国家版本馆 CIP 数据核字第 2025YK4456 号

中国石化出版社出版发行
地址:北京市东城区安定门外大街 58 号
邮编:100011　电话:(010)57512500
发行部电话:(010)57512575
http://www. sinopec-press. com
E-mail:press@ sinopec. com
北京科信印刷有限公司印刷
全国各地新华书店经销
*
787 毫米×1092 毫米 16 开本 11. 75 印张 273 千字
2025 年 4 月第 1 版　2025 年 4 月第 1 次印刷
定价:35. 00 元

《新编财务会计习题集》
编委会

主　编：卓茂荣　张惠琴

副主编：王　瑶　陈月桂　佘　思　郝　进

编　委：陈菊娟　康建华　陈显群　甘露林

王　姣　童幕雪　许心安　张妙容

陈思丽　李美莹　沈文丹　童春香

前言

《新编财务会计习题集》是与《新编财务会计》教材相配套的练习册，《新编财务会计》共有十五个大项目六十五个子项目，每个子项目都能在《新编财务会计习题集》里找到对应的练习。子项目的练习分为理论题与业务题两部分。理论题部分有判断题、单项选择题和多项选择题，紧紧围绕教材中的重点、难点和关键点进行设计，学习者通过练习可以领会重点、突破难点、把握关键点。业务题部分均依据中小企业的会计实践设计，且绝大多数以单据方式呈现，与实际工作中会计业务的呈现方式完全接轨，学习者通过业务训练，会大大提高财务会计实务的操作水平，为后续会计实务模拟实习打下良好的基础。

本习题集由卓茂荣、张惠琴主编。张惠琴老师负责理论题的编写；卓茂荣老师负责业务题的编写。本习题集由卓茂荣老师修改、总纂。本习题集在编写过程中，严格遵守《中华人民共和国会计法》《中华人民共和国增值税法》《中华人民共和国个人所得税法》《企业会计准则》《小企业会计准则》等法律、法规的规定。

本习题集的编写，得到了福建省晋江职业中专学校会计专业建设指导委员会、晋江市职业技术教育中心、福建百宏聚纤科技实业有限公司的大力支持，在此表示深深谢意。

编　者

2025年1月

目录

项目一 财务会计总论

子项目1 财务会计目标

理论题

一、判断题

1. 有了会计，经济交易与经济事项就可以在企业内部、企业之间、企业与政府相关部门之间进行有效的表达与沟通。 ( )

2. 所谓会计就是以货币为唯一的计量单位，运用一系列专门的技术方法，对企业、事业、行政等各类单位的经济活动进行连续的、系统的、全面的、综合的核算与监督的一项经济管理活动。 ( )

3. 财务会计侧重于满足企业外部有关方面的决策需要，对外提供财务报告，也称对外报告会计。 ( )

4. 上市公司必须定期在指定媒体上公布企业的财务会计报告。 ( )

5. 财务会计报告提供的会计信息有助于财务会计报告使用者作出经济决策。 ( )

二、单项选择题

1. 管理会计以资金的预测、规范和控制为重点，向企业内部提供经营决策管理活动所需要的会计信息，也称( )。

A. 对外报告会计　B. 经营型会计　C. 服务型会计　D. 决策型会计

2. 财务会计报告的内部使用者有( )等。

A. 企业投资人　B. 企业债权人　C. 政府机关　D. 企业董事及监事

3. 投资人最希望从企业财务会计报告中了解到的信息是( )等。

A. 投资报酬率　B. 企业获利能力　C. 企业偿债能力　D. 企业纳税信息

三、多项选择题

1. 会计按服务对象的不同，可以分( )。

A. 基础会计　B. 财务会计　C. 成本会计　D. 管理会计

2. 财务会计报告包括( )。

A. 会计报表　B. 会计报表附注

C. 财务预测报告　　　　　　　　　D. 财务情况说明书

3. 财务会计报告目标就是向财务报告使用者提供与企业(　　)有关的会计信息。

A. 财务状况　　B. 经营成果　　C. 现金流量　　D. 内部管理

子项目2　会计信息质量要求

理论题

一、判断题

1. 企业应以实际发生的交易或事项为依据进行会计确认、计量和报告，如实反映各项会计要素及其他相关信息，保证会计信息真实可靠、内容完整。(　　)

2. 相关性要求企业必须以财务会计报告使用者的决策模式和信息需要来确认、计量和报告会计信息。(　　)

3. 不同企业发生的相同或者相似的交易事项，应当采用一致的会计政策，以确保会计信息口径一致、相互可比。(　　)

4. 多数情况下，交易或事项的经济实质和法律形式是一致的。(　　)

5. 如果会计信息省略或错报会影响使用者的经济决策，说明该信息具有重要性。(　　)

二、单项选择题

1. 企业将融资租入固定资产视为自有资产，符合(　　)的会计信息质量要求。

A. 谨慎性　　B. 重要性　　C. 实质重于形式　　D. 可理解性

2. 对无形折损严重的固定资产，采用加速折旧法提取折旧符合(　　)的要求。

A. 谨慎性　　B. 及时性　　C. 可理解性　　D. 实质重于形式

3. 相关的会计信息能够证实或者修正过去的预测，因而具有(　　)的价值。

A. 反馈　　B. 预测　　C. 分析　　D. 使用

4. 相关性是以(　　)为基础的，相关性要求企业在确认、计量和报告会计信息过程中应当充分考虑使用者的决策模式和信息需要，尽可能做到相关性。

A. 谨慎性　　B. 可靠性　　C. 可理解性　　D. 重要性

5. 2024 年 9 月 8 日，上市公司北方公司与中华公司签订了售后回购协议，将于 9 月 10 日向中华公司销售一台设备，不含税售价 9 300 万元，公司将在 2025 年 5 月 1 日前以不含税售价 1 亿元的价格回购该设备。根据实质重于形式的会计信息质量要求，北方公司应将该业务视同(　　)进行会计处理。

A. 销售业务　　　　　　　　B. 租赁业务

C. 融资业务　　　　　　　　D. 在前三项中任选一项

三、多项选择题

1. 企业应当在符合(　　)的前提下，保证会计信息的完整性。

A. 重要性　　B. 谨慎性　　C. 可比性　　D. 成本效益原则

2. 下列对会计信息“可比性”质量要求的理解和运用中，正确的有(　　)。

A. 企业提供的会计信息应当具有可比性

B. 同一企业在不同时期发生的相同或者相似的交易事项，应当采用一致的会计政策，不得变更

C. 不同企业在不同会计期间发生的相同或相似的交易事项，应当采用规定的会计政策

D. 同一企业在不同时期发生的相同或者相似的交易事项，应当采用不一致的会计政策，方可与时俱进

3. 重要性的运用依赖职业判断，企业应当依据其所处环境和实际情况，从(　　)两方面加以分析判断。

A. 项目性质　　B. 金额大小

C. 科技含量　　D. 项目执行人员的业务水平

4. 会计信息的首要质量要求包括(　　)。

A. 可靠性　　B. 可比性　　C. 相关性　　D. 可理解性

子项目3　会计要素与会计科目

理论题

一、判断题

1. 会计要素是组成会计报表的基本单位，是对财务会计对象所作的基本分类。(　　)

2. 资产是企业现在的交易或者事项形成的，由企业拥有或者控制的，预期会给企业带来经济利益的资源。(　　)

3. 某项现时义务，如果导致经济利益流出企业的可能性已不存在了，就不能确认为企业的负债。(　　)

4. “收入－费用＝利润”动态反映企业在某一特定日期取得的经营成果。(　　)

5. 企业可根据本单位情况自行增设、分拆、合并会计科目。(　　)

二、单项选择题

1. 会计科目是根据会计确认、计量、报告的要求，对(　　)的具体内容进行分类，也是交易或者事项的标的物之特定名称。

A. 会计要素　　B. 会计对象　　C. 会计账户　　D. 会计基本职能

2. (　　)属于资产负债表的会计要素。

A. 收入　　B. 费用　　C. 利润　　D. 所有者权益

3. 直接计入当期利润的利得，是企业(　　)产生的业绩。
A. 非日常经营活动　B. 日常经营活动　C. 销售业务　D. 投资业务
4. “资产=负债+所有者权益”这一等式不是(　　)的理论依据。
A. 复式记账　B. 试算平衡　C. 编制资产负债表　D. 平行登记
5. 下列会计科目中，归属于成本类科目的是(　　)。
A. 主营业务成本　B. 其他业务成本　C. 研发支出　D. 材料成本差异

三、多项选择题

1. 共同类会计科目，兼具(　　)双重性质。
A. 资产类　B. 负债类　C. 损益类　D. 所有者权益类
2. 从会计要素出发，将会计科目分为资产类、负债类和(　　)等六大类。
A. 收入类　B. 成本类　C. 共同类　D. 所有者权益类
3. 下列会计科目中，归属于所有者权益类科目的是(　　)等。
A. 实收资本　B. 盈余公积　C. 本年利润　D. 其他综合收益
4. 所有者权益的确认与计量主要取决于(　　)的确认与计量。
A. 资产　B. 负债　C. 收入　D. 费用
5. 某企业被认定为小企业，所以这家企业不可能是(　　)。
A. 上市公司　B. 金融企业
C. 规模较小的企业　D. 企业集团内的子公司

业务题

下面是红华公司的部分会计事项，写出相关的会计科目(生产皮鞋，原料为皮革)。
1. 收到一张商业承兑汇票。
2. 库存 100 双黑色高跟皮鞋。
3. 付款取得土地的使用权。
4. 一笔尚未收取的货款。
5. 预付下年度的保险费。
6. 出纳保管的现款。
7. 发生罚款支出。
8. 林玲预借差旅费。
9. 销售低跟皮鞋的收入。
10. 开办费 200 000 元，需摊销 5 年。
11. 取得罚款的收入。
12. 销售白色皮革的收入。
13. 购皮革欠彩虹工厂的货款。
14. 包装物出租取得的租金收入。
15. 1—10 月份的利润累计。

16. 计提本月应交的城市维护建设税。
17. 尚未分配的利润。
18. 收到投资人的投资。
19. 企业持有国债的利息收入。
20. 未交的增值税。
21. 已销售皮鞋的成本。
22. 接受外商的捐赠。
23. 盘亏割皮机一台。
24. 公司的仓库两座。
25. “华丽凤”商标的使用权。
26. 收到百联商场预订的皮鞋款。
27. 计算正在生产皮鞋的成本。
28. 采购羊皮一批，已验收入库。
29. 企业日常存款利息收入。
30. 股份公司应付投资人的利润。

业务处理过程记录：

把科目名称填写在会计事项编号所对应的表格中。

会计事项编号	会计科目名称	会计事项编号	会计科目名称	会计事项编号	会计科目名称
1		11		21	
2		12		22	
3		13		23	
4		14		24	
5		15		25	
6		16		26	
7		17		27	
8		18		28	
9		19		29	
10		20		30	

子项目 4　会计工作规范和会计工作组织

理论题

一、判断题

1. 会计法律是全国人民代表大会及其常务委员会经过一定立法程序制定的有关会计工作的法律。（　　）

2.《中华人民共和国会计法》是会计法律制度中层次最高的法律规范，是制定其他会计法规的依据，也是指导会计工作的最高准则。（　　）

3. 在实行会计电算化的企业里，一般采用集中核算。（　　）

4. 小型、微型企业，应当选择具备代理条件的记账机构代理记账。（　　）

5. 会计工作组织形式也称会计核算组织形式。（　　）

二、单项选择题

1. 下列会计规范文件中，属于会计行政法规的有(　　)。

A.《中华人民共和国会计法》　B.《中华人民共和国注册会计师法》

C.《总会计师条例》　D.《企业会计准则》

2. (　　)是企业内部会计工作管理的责任主体。

A. 单位负责人　B. 注册会计师　C. 会计师　D. 会计机构负责人

3. 会计行政法规的效力低于(　　)。

A. 会计法律　B. 会计部门规章　C. 地方性会计法规　D. 企业会计准则

4. 集中核算是指企业的会计核算工作与会计监督工作，由企业的(　　)集中统一进行。

A. 会计部门　B. 审计部门　C. 统计部门　D. 行政部门

5. (　　)相当于会计机构负责人。

A. 会计主管人员　B. 会计主管　C. 主办会计　D. 中级会计师

三、多项选择题

1. 约束企业经济行为和会计行为的各类规范主要有(　　)。

A. 会计法律　B. 会计行政法规　C. 会计部门规章　D. 地方性法规

2. 会计行政法规是由(　　)，调整经济生活中某些方面会计关系的法律规范。

A. 国务院制定并发布

B. 国务院有关部门拟订并经国务院批准后发布

C. 国务院有关部门拟订并发布

D. 各级人民政府拟订并经国务院批准后发布

3. 下列会计规范文件中，属于会计部门规章的有(　　)。

A.《会计基础工作规范》　B.《企业会计准则》

C.《会计档案管理办法》　D.《财政部门实施会计监督办法》

4. (　　)必须设置总会计师。

A. 国有大中型企业　B. 国有资产控股的大中型企业

C. 大中型企业　D. 民营大中型企业

5. 非集中核算的优点是(　　)。

A. 提高企业内部各门店、各柜组、各职能部门的成本意识

B. 提高企业内部各门店、各柜组、各职能部门的财务管理意识

C. 各门店、各柜组、各职能部门可及时利用会计信息加强内部管理

D. 有利于企业会计部门及时全面掌握会计核算的各种情况，提高工作效率

项目二 货币资金

子项目1 库存现金

理论题

一、判断题

1. 库存现金是由企业财会部门掌握、用以支付日常零星开支的库存资金。（ ）
2. 当日收到的现金必须于当日送存开户银行。（ ）
3. 所谓“坐支”现金，是指开户单位从现金收入中直接支付现金的行为。（ ）
4. 企业要在现金使用范围内使用现金，收取现金则没有界定收取范围。（ ）
5. 不得使用不符合会计制度的单据顶替库存现金，即“白条顶库”。（ ）

二、单项选择题

1. 库存现金限额一般为企业（ ）的日常零星开支额。

A. 1~3天　B. 3~5天　C. 5~10天　D. 15天

2. 转账结算起点是人民币（ ）元，起点以下的零星支出可以使用现金支付。

A. 100　B. 500　C. 800　D. 1 000

3. 将单位的现金收入按个人储蓄方式存入银行属于（ ）。

A. 坐支　B. 白条顶库　C. 公款私存　D. 套换现金

4. 从开户银行提取现金，应当写明用途，由（ ）签字盖章，经开户银行审核后，予以支付现金。

A. 单位负责人　B. 本单位财会部门负责人

C. 本单位审计部门负责人　D. 本单位统计部门负责人

5. 库存现金盘亏，如果是日常收付中因找零等发生的正常短少，按《小企业会计准则》的规定，应计入（ ）。

A. 管理费用　B. 营业外支出　C. 财务费用　D. 销售费用

三、多项选择题

1. 除（ ）外，开户单位支付给个人的款项，超过使用现金限额的部分，应当以支票或银行本票支付。

A. 职工工资、各种工资性津贴　　B. 个人劳动报酬
C. 出差人员必须随身携带的差旅费　　D. 向个人支付购买农副产品的价款

2. 企业使用现金，可以从(　　)。
A. 企业的现金收入中直接支付　　B. 其他单位借入
C. 开户银行提取　　D. 库存现金限额中支付

3. 开户单位的下列行为中不正确的有(　　)。
A. 对现金结算给予比转账结算更优惠的待遇
B. 平等对待现金结算和转账结算
C. 拒收支票、银行本票和银行汇票
D. 拒收商业承兑汇票

4. (　　)都是库存现金日常管理中常用的内部控制制度。
A. 钱账分管　　B. 钱账兼管　　C. 现金清查　　D. 白条顶库

5. 关于数字人民币(e-CNY)，下列表述正确的有(　　)。
A. 数字人民币是由商业银行发行的数字形式的法定货币
B. 数字人民币由指定运营机构参与运营并向公众兑换，与纸钞、硬币等价
C. 数字人民币以广义账户体系为基础，支持银行账户松耦合功能
D. 数字人民币具有价值特征和法偿性，支持可控匿名

业务题

业务一：

著成服饰股份有限公司 2025 年 5 月 1 日的现金业务如下。

资料 1：有关原始凭证见图 2-1、图 2-2。

工商银行进账单(回单)　1

2025 年 5 月 1 日

出票人	全　称	著成服饰股份有限公司	收款人	全　称	著成服饰股份有限公司
	账　号	350125966124756		账　号	350125966124756
	开户银行	中国工商银行晋江支行		开户银行	中国工商银行晋江支行
金额	人民币（大写）	贰仟元整		千 百 十 万 千 百 十 元 角 分	￥ 2 0 0 0 0 0
票据种类	现金支票	票据张数	1		
票据号码	100126				
复核	记账		开户银行盖章	中国工商银行福建省分行 晋江支行 2025.5.1 转讫	

出票人开户行交给出票人的回单联

图 2-1

中国工商银行

现金支票存根

支票号码　NO　100789

附加信息

出票日期 2025 年 5 月 1 日

收款人：著成服饰股份有限公司
金额：￥2 000.00元
用途：备用

单位主管：成庄印著　会计：杨佳兴

图 2-2

资料 2：有关原始凭证见图 2-3。

借　款　单

日期：2025 年 5 月 1 日　　NO：2015038

借款单位或部门：厂长办公室（著成服饰）	借款人：才向前
借款理由：预借差旅费　现金付讫	
借款数额：人民币（大写）壹仟伍佰元整	￥1 500.00
本单位负责人：同意预借　成庄印著	会计主管：杨佳兴
出　纳：黄洋洋	付款方式：付现

图 2-3

业务处理过程记录：（公司的会计兼审核杨佳兴、出纳黄洋洋、制单记账为读者）

1. 按现金管理规定审核原始凭证的真实性、合法性、准确性、完整性。（略）
2. 根据审核无误的单据编制记账凭证（资料 1、资料 2 分别登在图 2-4、图 2-5 上）。
3. 根据审核无误的记账凭证或单据，登记“库存现金日记账”（登在图 2-6 上）。

通 用 记 账 凭 证

年　月　日　　记第　号

摘　要	会计科目		过	借方金额									贷方金额								
	总　账	明细账	账	百	十	万	千	百	十	元	角	分	百	十	万	千	百	十	元	角	分
附件　张	合　计																				

会计主管　　记账　　出纳　　审核　　制单

图 2-4

通用记账凭证

年　月　日　　　　记第　号

摘要	会计科目		过账	借方金额									贷方金额								
	总账	明细账		百	十	万	千	百	十	元	角	分	百	十	万	千	百	十	元	角	分
附件　张	合　计																				

会计主管　　记账　　出纳　　审核　　制单

图 2-5

库存现金日记账

25年		凭证号数	票据号数	摘要	借方金额									核对	贷方金额									核对	余额									核对
月	日				百	十	万	千	百	十	元	角	分		百	十	万	千	百	十	元	角	分		百	十	万	千	百	十	元	角	分	
4	30			本月合计			5	1	0	8	8	0	0				5	1	0	3	7	0	0						2	0	9	0	0	✓

图 2-6

4. 假设著成服饰股份有限公司 2025 年 5 月 1 日只发生两笔现金业务，请在“库存现金日记账”上进行日结(在图 2-6 中结出当日收入合计数、当日支出合计数、当日结存数)。

业务二：

著成服饰股份有限公司 2025 年 5 月 31 日的现金业务如下。

资料：有关原始凭证见图 2-7。

库存现金清查盘点报告表

日期：2025 年 5 月 31 日　　NO：20150129

账面余额	实存金额	清查结果		备注
		盘盈	盘亏	原因待查
850.00	859.09	9.09		
单位负责人处理意见				

第二联　记账联

盘点人：刘少省　　出纳：黄洋洋　　制　单：刘少省

图 2-7

业务处理过程记录：(审核原始凭证、登记现金日记账等业务均略过)

(1) 根据图 2-7 编制处理前的记账凭证(以会计分录代替)。

(2) 盘盈现金数额低，原因难查清，按《企业会计准则》的规定进行会计处理(单据略)，编制相应的记账凭证(以会计分录代替)。

子项目2 银行存款

理论题

一、判断题

1. 通过银行办理收付款结算业务时，必须遵守银行信贷制度和现金管理制度。( )
2. 签发支票时，未在支票上记载收款人名称的，支票无效。( )
3. 企业必须实行钱账分管、证(结算凭证)印(印章)分管的制度。( )
4. 支票使用范围广泛，单位和个人在同一票据交换区域的各种款项结算均可使用支票方式。( )
5. 银行存款日记账与银行对账单余额不符都是未达账项造成的。( )

二、单项选择题

1. 一个单位只能开设一个( )。

A. 基本存款账户　B. 专用存款账户　C. 临时存款账户　D. 普通存款账户

2. 支票可分成现金支票、转账支票和普通支票，( )既可转账也可提取现金。

A. 现金支票　B. 转账支票　C. 普通支票　D. 划线支票

3. 商业承兑汇票的承兑人是( )。

A. 汇票的收款人　B. 汇票的付款人

C. 汇票收款人的开户银行　D. 汇票付款人的开户银行

4. ( )又名透支卡，用户不用先存钱，凭卡内有效信用额度，可先消费后还款。

A. 借记卡　B. 贷记卡

C. 准贷记卡　D. 金卡(个人卡中的金卡)

5. 单位卡里的资金由单位的( )转账存入，撤销单位卡时，单位卡里的剩余资金也只能转账转入单位的( )。

A. 基本存款账户　基本存款账户　B. 临时存款账户　临时存款账户

C. 一般存款账户　一般存款账户　D. 专用存款账户　专用存款账户

三、多项选择题

1. 企业出纳人员不得登记( )等。

A. 主营业务收入明细账　　　　　　　　B. 税金及附加明细账

C. 应收账款明细账　　　　　　　　　　D. 固定资产卡片

2. 企业的银行账户不得(　　)等。

A. 代其他单位存取现金　　　　　　　　B. 借给其他单位使用

C. 租给其他单位使用　　　　　　　　　D. 代个人存取现金

3. 下列银行转账结算方式中，(　　)不受起点金额限制。

A. 委托收款　　B. 银行承兑汇票　　C. 支票　　D. 银行本票

4. 采用托收承付结算方式，下列关于其付款期的表述中，正确的有(　　)。

A. 验单付款的承付期为 3 天，从付款人开户银行发出承付通知之次日算起

B. 验单付款的承付期为 3 天，从承运单位发出提货通知的次日算起

C. 验货付款的承付期为 10 天，从付款人开户银行发出承付通知之次日算起

D. 验货付款的承付期为 10 天，从承运单位发出提货通知的次日算起

5. 导致银行存款日记账调节前余额大于银行对账单调节前余额的业务有(　　)。

A. 企业收款已记增加，开户行未收到结算凭证尚未记增加

B. 企业付款已记减少，开户行未收到结算凭证尚未记减少

C. 开户银行代企业收款已记增加，企业未收到结算凭证尚未记增加

D. 开户银行代企业收款已记减少，企业未收到结算凭证尚未记减少

业务题

著成服饰股份有限公司 2025 年 4 月 30 日的银行存款清查业务如下。

资料 1：著成服饰股份有限公司开户银行提供的银行存款对账单如图 2-8 所示。

资料 2：著成服饰股份有限公司 2025 年 4 月 20—30 日的“银行存款日记账”如图 2-9 所示。

银行存款对账单

25年		结算凭证号码	摘要	借方金额									贷方金额									余额								
月	日			百	十	万	千	百	十	元	角	分	百	十	万	千	百	十	元	角	分	百	十	万	千	百	十	元	角	分
4	20	略	略																				2	8	3	3	5	0	0	0
4	21	现金支票 161125	提取现金				1	0	0	0	0	0											2	8	2	3	5	0	0	0
4	22	电汇凭证 9354508	收回货款												2	6	3	2	5	0	0		3	0	8	6	7	5	0	0
4	25	电汇凭证 9227082	归还货款			3	1	5	9	0	0	0											2	7	7	0	8	5	0	0
4	27	转账支票 451001	收到投资款											1	5	0	0	0	0	0	0		4	2	7	0	8	5	0	0
4	30	委托收款 500513	支付水费					6	0	0	0	0											4	2	6	4	8	5	0	0
4	30	电汇凭证 715906	预收货款												5	0	0	0	0	0	0		4	7	6	4	8	5	0	0

中国工商银行晋江支行金井营业部 2025 年 4 月 30 日

图 2-8

要求：核对银行对账单和银行存款日记账(假设登记正确无误)，找出未达账项并在图 2-10 上编制“银行存款余额调节表”。

银行存款日记账

会计主管人员盖章	杨佳兴

25年		凭证号数	结算方式	摘要	借方金额									核对	贷方金额									核对	结存									核对
月	日				百	十	万	千	百	十	元	角	分		百	十	万	千	百	十	元	角	分		百	十	万	千	百	十	元	角	分	
4	20		略	略																						2	8	3	3	5	0	0	0	√
4	21	银付 012	现金支票 161125	向银行提现														1	0	0	0	0	0	√		2	8	2	3	5	0	0	0	√
4	22	银收 015	电汇凭证 9354508	收回货款			5	2	6	5	0	0	0	√												3	3	5	0	0	0	0	0	√
4	25	银付 012	电汇凭证 9227082	归还货款													3	1	5	9	0	0	0	√		3	0	3	4	1	0	0	0	√
4	27	银收 016	转账支票 451001	收到投资款		1	5	0	0	0	0	0	0	√												4	5	3	4	1	0	0	0	√
4	28	银收 017	转账支票 832008	收到违约金				2	5	0	0	0	0	√												4	5	5	9	1	0	0	0	√
4	30	银付 012	转账支票 108903	预付购料款													3	0	0	0	0	0	0	√		4	2	5	9	1	0	0	0	√

图 2-9

业务处理过程记录：

未达账项：

1.

2.

3.

4.

5.

6.

银行存款余额调节表

银行账号：———　　2021 年 4 月 30 日　　币种：人民币

银行对账单	金额									银行存款日记账	金额								
	百	十	万	千	百	十	元	角	分		百	十	万	千	百	十	元	角	分
调节前的余额										调节前的余额									
加：企业已收、银行未收的金额										加：银行已收、企业未收的金额									
减：企业已付、银行未付的金额										减：银行已付、企业未付的金额									
调节后的余额										调节后的余额									

会 计：杨佳兴　　出 纳：黄洋洋

图 2-10

子项目3　其他货币资金

理论题

一、判断题

1. 其他货币资金是指企业持有的除库存现金、银行存款以外的货币性资产。（　　）
2. 货币性资产是企业持有的货币资金和将以固定或可确定金额收取的资产。（　　）
3. 企业应按其他货币资金的存放地点或用途开设明细账，进行明细核算。（　　）

二、单项选择题

1. 下列项目中，不属于其他货币资金的项目是(　　)。
A. 银行本票存款　B. 银行存款　C. 银行汇票存款　D. 信用卡存款
2. 下列项目中，不属于货币性资产的项目有(　　)。
A. 其他应收款　B. 准备持有至到期的债券投资
C. 长期股权投资　D. 应收账款和应收票据
3. 企业因采购材料的需要，到开户银行办理一张银行本票，银行收取办理本票的手续费，应当借记(　　)。
A. 其他货币资金　B. 财务费用　C. 在途物资　D. 材料采购

三、多项选择题

1. 货币资金是企业在生产经营过程中停留在货币形态的资金，具有(　　)。
A. 极强的流动性　B. 一定的流动性
C. 收付的经常性　D. 收付的稀缺性
2. 货币资金按其存放地点可以分成(　　)。
A. 库存现金　B. 银行存款　C. 流动资金　D. 其他货币资金
3. 其他货币资金包括(　　)。
A. 银行本票　B. 银行汇票　C. 商业汇票　D. 在途资金

业务题

著成服饰股份有限公司 2025 年 5 月 10 日的其他货币资金业务见图 2-11。

业务处理过程记录：(审核原始凭证、登账等环节均略过)

请根据图 2-11 编制相应的记账凭证(以会计分录代替)。

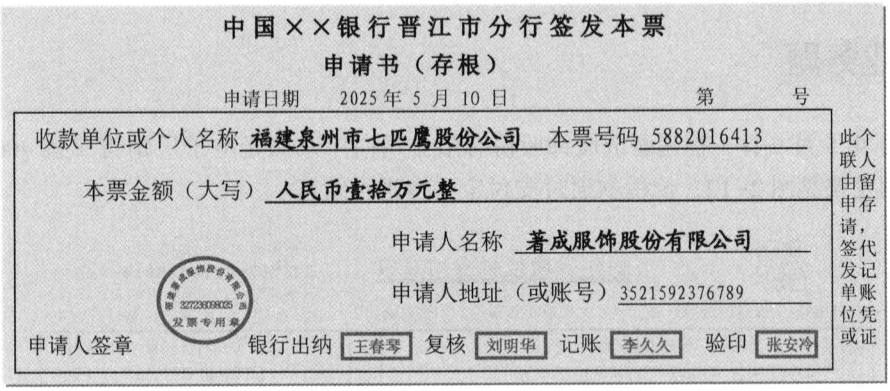
中国××银行晋江市分行签发本票

申请书（存根）

申请日期 2025年5月10日 第 号

收款单位或个人名称 福建泉州市七匹鹰股份公司 本票号码 5882016413

本票金额（大写） 人民币壹拾万元整

申请人名称 著成服饰股份有限公司

申请人地址（或账号） 3521592376789

申请人签章 银行出纳 王春琴 复核 刘明华 记账 李久久 验印 张安冷

此联由申请人留存，代签发单位记账凭证

图 2-11

子项目 4　第三方支付平台结算业务

理论题

一、判断题

所谓第三方支付平台是指由信誉度高、实力强的第三方企业建立的独立于银行的第三方交易支付机构，是在银行直接支付环节中增加的一个中介平台。 （ ）

二、单项选择题

企业在第三方支付平台的存款，应在(　　)账户进行会计核算。

A. 银行存款　　B. 货币资金

C. 其他货币资金　　D. 其他应收款—备用金

三、多项选择题

企业在电商平台进行商品采购，当确认收货时，应根据收货单、增值税专用发票以及电商平台打印的支付凭证(　　)账户。

A. 借记“原材料或库存商品”　　B. 借记“应交税费—应交增值税”

C. 贷记“其他货币资金”　　D. 贷记“银行存款”

业务题

2025 年 5 月 9 日，福建著成服饰股份有限公司向广东深光电子厂销售 T 恤 400 件，增值税专用发票见图 2-12，价税款通过支付宝平台进行结算。

福建省增值税专用发票

机器编号：352006015279　　此联不作报销、扣税凭证使用

开票代码：0423005100252
开票号码：0219235819
开票日期：2025 年 5 月 13 日
校 验 码：21935 88587 49518 93548

购买方	名　　称：广东深光电子厂 纳税人识别号：44030 32258 12679 255 地址、电话：深圳市香港路 97 号　0755—7015812 开户行及账号：建行深圳宝安支行 1052 3333 6666 8888				密码区	*2*+32130<-1+3]0-905/*3[1*3->+513+1209>>A8</4998 7+3001←29-56>0[+369=900 +9<014>>>2+/3%15><432007	
货物或应税劳务、服务名称	规格型号	单位	数量	单价	金　额	税率	税　额
*服装*T 恤		件	400	29.00	11 600.00	13%	1 508.00
合　　计					¥11 600.00		¥1 508.00
价税合计（大写）	※壹万叁仟壹佰零捌元整				（小写）¥13 108.00		
销售方	名　　称：福建著成服饰股份有限公司 纳税人识别号：91350 58200 13356 789 地 址、电 话：晋江工业园区　0595—8320812 开户行及账号：中国农业银行晋江支行 6381 0072 5844 0513				备注	（章：福建著成服饰有限公司 350582001393 发票专用章）	

收款人：　　复核：　　开票人：曾 林　　销货方：（章）

第一联：记账联 销售方记账凭证

图 2-12

请根据图 2-12 和电商平台打印的交易记录（略），编制相应的记账凭证（以会计分录代替）。

业务处理过程记录：（审核原始凭证、登账等环节均略过）

项目三 应收及预付款项

子项目1 合同资产与应收账款

理论题

一、判断题

1. 合同资产是企业在对外销售存货或者提供劳务过程中形成的应向购买方或者劳务接受方收取但尚未收到的款项。（ ）

2. 应收账款只是单纯的收款，不需要履行其他义务。（ ）

3. 销售折让是企业因出售商品的质量不符合要求或其他原因而在价款上给予购买方的减让。（ ）

4. 企业销售商品时给予客户的现金折扣，应当按照《企业会计准则第14号——收入》中关于可变对价的相关规定进行会计处理。（ ）

5. 对于已履行的履约义务，其分摊的可变对价后续变动额应当调整履约当期的营业收入。（ ）

二、单项选择题

1. 下列关于合同资产的描述，不正确的是（ ）。

A. 合同资产是因履行合同而产生的权利

B. 合同资产的收款条件取决于合同的约定

C. 合同资产通常需要履行其他义务才能收款

D. 合同资产只承担履约风险，不承担信用风险

2. （ ）是商品销售中最常见的销售手段。

A. 商业折扣 B. 现金折扣 C. 销售折让 D. 有奖销售

3. 信用条件"1/10"的含义是（ ）。

A. 无条件给予总价1%的折扣 B. 无条件给予总价10%的折扣

C. 十天内还款，给予总价1%的折扣 D. 一天内还款，给予总价10%的折扣

4. 发生商业折扣，企业应收账款的入账价值应根据（ ）确认。

A. 未扣除商业折扣的名义销售额 B. 已扣除商业折扣的实际销售额

C. 折扣率高的按实际销售额 D. 折扣率低的按名义销售额

5. 销售折让发生在企业确认收入之后则(　　)。

A. 视同现金折扣　　B. 视同商业折扣　　C. 冲减当期销售收入　D. 记入营业外支出

三、多项选择题

1. 企业的应收及预付款项包括应收账款及(　　)。

A. 应收票据　　B. 预收账款　　C. 预付账款　　D. 其他应收款

2. 应收账款的入账价值为发票上列明的各项金额，包括(　　)。

A. 应收未收的销货款或劳务款　　B. 增值税销项税额

C. 因销售商品支付的各项费用　　D. 代购货方垫付的各项费用

3. 合同资产面临的风险包括(　　)。

A. 履约风险　　B. 信用风险　　C. 汇率风险　　D. 财务风险

4. 现金折扣按可变对价进行会计处理，企业应按照(　　)确定可变对价的最佳估计数，且不能在这两种方法之间随意进行选择。

A. 期望值　　B. 最可能发生金额

C. 总金额　　D. 扣除折扣后的净额

业务题

业务一：

2025 年 5 月 8 日，福建苏喜服饰有限责任公司向厦门海西商城销售夹克衫 1 500 件，增值税专用发票注明：总价款 297 000 元，增值税 38 610 元，以库存现金代垫运费 1 000 元，代垫运费的增值税 90 元。商品已发出，款项尚未收到。

请根据审核无误的原始凭证(略)编制记账凭证。

业务处理过程记录：

根据业务一的资料编制记账凭证(用会计分录代替)。

业务二：

承业务一，假设苏喜服饰有限责任公司现金折扣的信用条件为“1/10、n/20”(只折扣价款，不折扣运费以及增值税)，且苏喜服饰有限责任公司采用最可能发生金额确定可变对价。苏喜服饰有限责任公司根据历史经验，预计客户在十天内付款的可能性为 90%，十天后付款的可能性为 10%。

请审核原始凭证，确定入账金额。

业务处理过程记录：

1. 审核原始凭证(包含对入账金额的审核)。

苏喜服饰有限责任公司应确认商品销售收入的金额=

现金折扣不影响增值税，增值税金额=

代垫费用(含增值税)=

本业务中应收账款的入账金额 =

2. 编制记账凭证(用会计分录代替)如下。

业务三：

承业务二，假设苏喜服饰有限责任公司在 2025 年 5 月 15 日收到厦门海西商城汇来的款项 333 730 元，已存入银行账户。

请根据审核无误的原始凭证编制记账凭证(以会计分录代替)。

业务处理过程记录：

编制记账凭证(用会计分录代替)如下。

业务四：

承业务二，假设苏喜服饰有限责任公司在 2025 年 5 月 20 日(超过折扣期限)收到厦门海西商城汇来的款项 336 700 元，已存入银行账户。

请根据审核无误的原始凭证编制记账凭证(以会计分录代替)。

业务处理过程记录：

编制记账凭证(用会计分录代替)如下。

子项目 2　应 收 票 据

理论题

一、判断题

1. 商业汇票的到期值就是商业汇票的面值。　　　　(　　)

2. 商业汇票的贴现净额等到商业汇票的到期值减去贴现利息。 ( )

3. 商业汇票的贴现天数等于票据到期日减去贴现日(注意：算头不算尾)。 ( )

4. 银行承兑汇票贴现，银行有追索权；商业汇票贴现时，银行无追索权。 ( )

二、单项选择题

1. 商业汇票的“承兑人及单位名称”“背书人及单位名称”等内容，应在( )上进行登记。

A. 应收票据明细账　　B. 应收票据总分类账

C. 应收票据备查账　　D. 由登账人在前三项中自由选择

2. 商业汇票到期，对方无力付款，将票据款项转为( )。

A. 营业外支出　　B. 资产减值损失　　C. 信用减值损失　　D. 应收账款

3. 银行承兑汇票贴现时，应当贷记( )。

A. 应收票据　　B. 短期借款　　C. 应付票据　　D. 银行存款

三、多项选择题

1. 商业汇票按承兑人的不同可以分成( )。

A. 商业承兑汇票　　B. 银行承兑汇票

C. 保证人承兑汇票　　D. 政府承兑汇票

2. 采用银行承兑汇票进行货款结算的，从业务开始到结束，在会计处理中可能使用到的会计科目有( )。

A. 其他货币资金　　B. 应收票据　　C. 应付票据　　D. 银行存款

业务题

业务一：

2025 年 5 月 10 日，福建苏喜服饰有限公司销售给厦门海西商城新款连衣裙 300 件，每件不含税售价 200 元，增值税税率 13%(增值税专用发票略)。海西商城来取货时，收到其签发的为期三个月的不带息商业承兑汇票一张。

请根据审核无误的原始凭证编制记账凭证(以会计分录代替)。

业务处理过程记录：

编制收到商业承兑汇票的记账凭证(用会计分录代替)如下。

业务二：

2025 年 6 月 10 日，苏喜服饰有限责任公司将商业承兑汇票贴现，票据贴现凭证如图 3-1 所示。

票据贴现凭证（收账通知） 4

填写日期 2025年6月10日　　　　第　　号

<table>
<tr><td rowspan="3">申请人</td><td>全　称</td><td>福建苏喜服饰有限公司</td><td rowspan="3">贴现汇</td><td>种类及号码</td><td colspan="10">商业承兑汇票</td></tr>
<tr><td>账　号</td><td>350125966124756</td><td>发票日</td><td colspan="10">2025年5月10日</td></tr>
<tr><td>开户银行</td><td>晋江工行英林分理处</td><td>到期日</td><td colspan="10">2025年8月10日</td></tr>
<tr><td>汇票承兑人</td><td>厦门海西商城</td><td>账号</td><td>350256912347651</td><td>开户银行</td><td colspan="10">厦门翔安工行</td></tr>
<tr><td rowspan="2">汇票金额</td><td colspan="4" rowspan="2">人民币（大写） 陆万柒仟捌佰元整</td><td>千</td><td>百</td><td>十</td><td>万</td><td>千</td><td>百</td><td>十</td><td>元</td><td>角</td><td>分</td></tr>
<tr><td></td><td></td><td>¥</td><td>6</td><td>7</td><td>8</td><td>0</td><td>0</td><td>0</td><td>0</td></tr>
<tr><td>年贴现率</td><td>6%</td><td colspan="3" rowspan="2">实付金额</td><td>千</td><td>百</td><td>十</td><td>万</td><td>千</td><td>百</td><td>十</td><td>元</td><td>角</td><td>分</td></tr>
<tr><td>贴现利息</td><td>678.00</td><td></td><td></td><td>¥</td><td>6</td><td>7</td><td>1</td><td>2</td><td>2</td><td>0</td><td>0</td></tr>
<tr><td colspan="3">上述款项已入你单位账户。
此致
银行盖章
2025年6月10日
中国工商银行晋江分行 金井支行 2025.6. 转讫</td><td colspan="12">备注：</td></tr>
</table>

图 3-1

业务处理过程记录：

1. 贴现的计算过程。

（1）贴现利息＝

（2）贴现净额＝

2. 编制贴现业务的记账凭证(用会计分录代替)如下。

子项目3　预付账款

理论题

一、判断题

1. 应收及预付款均为日常生产经营过程中发生的各项短期债权。（　　）
2. 企业预付账款即使不多，也不可以并在“应付账款”账户中核算。（　　）

二、单项选择题

1. 预付账款是(　　)科目。

A. 负债类　　B. 权益类　　C. 资产类　　D. 共同类

三、多项选择题

1. 供货商收到预付款(定金)，无力供货，双倍返还，企业应贷记(　　)。

A. 预付账款　　B. 其他业务收入　　C. 营业外收入　　D. 管理费用

业务题

著成服饰股份有限公司2025年5月10日预付佳兴公司购料款50 000元，请根据审核无误的付款凭证及有关资料编制记账凭证(用会计分录代替)。

业务处理过程记录：

编制预付购料款业务的记账凭证(用会计分录代替)如下。

子项目4　其他应收款

理论题

一、判断题

1. 其他应收款是由企业营业活动引起的各种应收债权和暂付款项。　　(　　)

2. 备用金是企业为内部各单位或个人准备的货币资金，以满足这些部门或个人日常零星开支或出差等业务的需要。　　(　　)

二、单项选择题

1. 一般纳税人使用一次性备用金的部门或职工，报销费用时必然要贷记(　　)。

A. 其他应收款　　B. 银行存款

C. 库存现金　　D. 其他货币资金

三、多项选择题

1. 企业(　　)可通过“其他应收款”账户进行会计处理。

A. 存出保证金　　B. 付给部门或职工的备用金

C. 应收取的各种赔偿款和罚金　　D. 替职工垫付的各种款项

业务题

业务一：

2025 年 1 月 1 日，福建著成服饰股份有限公司专设销售机构，转账领取了今年的定额备用金 30 000 元。

请根据审核无误的付款单据编制记账凭证(用会计分录代替)。

业务处理过程记录：

编制支付定额备用金的记账凭证(用会计分录代替)如下。

业务二：

2025 年 1 月 31 日，福建著成服饰股份有限公司专设销售机构，报销当月的业务费 25 000 元，出纳审核后给予转账支付。

请根据审核无误的付款单据编制记账凭证(用会计分录代替)。

业务处理过程记录：

编制专设销售机构报销业务费的记账凭证(用会计分录代替)如下。

子项目 5　坏　　账

理论题

一、判断题

1. 坏账是指企业无法收回或收回可能性很小的应收及预付款项，企业因发生坏账而造成的损失称为坏账损失。　(　　)
2. 坏账损失是资产减值损失的一种。　(　　)
3. 小企业没有发生坏账就不提取坏账准备。　(　　)

二、单项选择题

1. 小企业实际发生坏账时，应借记(　　)。

A. 营业外支出　B. 坏账准备　C. 信用减值损失　D. 资产减值损失

2. 企业一般采用备抵法核算坏账，实际发生坏账时，应贷记(　　)。

A. 信用减值损失　B. 坏账准备　C. 应收账款　D. 资产减值损失

3. 根据应收账款提取坏账准备，本年应提(或冲销)的坏账准备金额 =(　　)。

A. 应收账款年末余额×坏账计提比例

B. 应收账款(年末余额-年初余额)×坏账计提比例

C. 应收账款(年末余额-年初余额)×坏账计提比例+本期确认的坏账

D. 坏账准备年末余额-坏账准备年初余额+本期确认的坏账-确认后又收回的坏账

三、多项选择题

1. 备抵法在计算坏账准备的提取金额时又有(　　)等计算方法。

A. 账龄分析法　B. 销货百分比法

C. 应收账款余额百分比法　D. 全额转销法

2. 企业货款及应收款项符合(　　)均可确认为坏账。

A. 债务人破产，用其剩余资产偿还后仍不能收回的

B. 债务人变更公司名称

C. 债务人死亡，用其遗产偿还后仍不能收回的

D. 债务人逾期三年尚未归还，并有证据表明回收可能性极小的

3. 小企业确认为坏账的应收账款又收回，则应(　　)科目。

A. 借记“银行存款”　B. 贷记“应收账款”

C. 贷记“信用减值损失”　D. 贷记“营业外收入”

业务题

业务一：

2022 年 12 月 31 日，大新公司(之前是小企业，从 2022 年 1 月 1 日起成为一般纳税人)开始计提坏账准备，当年应收账款期末余额为 800 000 元，坏账准备计提比例为 5%。

请采用应收账款余额百分比法计提第一年的坏账准备。

业务处理过程记录：

1. 计算本年应提取或冲销坏账准备金额。

本年应提取的坏账准备金额=

2. 根据计算结果编制记账凭证(用会计分录代替)。

业务二：

2023 年 3 月 31 日确认一笔坏账，具体内容如图 3-2 所示。

坏账损失确认通知

因南强集团资不抵债且企业资产均为不良资产，确认南强集团所欠款项 10 000 元已无法收回，经公司领导确认批准，同意注销该笔应收账款。

总经理 秀苏 印喜　　会计主管 刘东来

2023 年 3 月 31 日

图 3-2

请根据审核无误的单据编制记账凭证(用会计分录代替)。

业务处理过程记录：

编制确认坏账的记账凭证(用会计分录代替)。

业务三：

2023 年 11 月，南强集团资产重组成功，新股东通过汇兑结算方式归还南强集团所欠本公司账款的 90% ，即人民币 9 000 元。该笔账款已在 2023 年 3 月确认为坏账。

请根据审核无误的收款凭证等单据编制记账凭证(用会计分录代替)。

业务处理过程记录：

1. 编制收到账款的记账凭证(用会计分录代替)。

2. 编制冲销之前确认为坏账(针对收回部分)的记账凭证(用会计分录代替)。

业务四：

根据图 3-3，计算并提取企业 2023 年的坏账准备。

苏喜服饰有限责任公司坏账准备提取表

2023 年 12 月 31 日　　提取比例：5%

本年应提取或冲销的坏账准备金额①	应收账款年末余额②	应收账款年初余额③	本年确认的坏账金额④	确认为坏账后又在本年收回的金额⑤
	750 000	800 000	10 000	9 000
备　　注	①=（②-③）×提取比例+④-⑤			

审核： 刘东来　　制表： 张思思

图 3-3

业务处理过程记录：

1. 列出计算过程并算出结果。

本年应提取坏账准备=

2. 根据计算结果，编制提取坏账准备的记账凭证(用会计分录代替)。

项目四 存 货

子项目 1 存货基本理论

理论题

一、判断题

1. 存货是企业重要的流动资产，其成本既直接影响企业的生产经营成本，也间接关系到企业的营业利润和所得税费用。 ( )

2. 永续盘存制对存货的管理较为规范、科学，能确保存货不出现问题。 ( )

3. 绝大多数企业及企业里的绝大多数存货都采用实地盘存制。 ( )

4. 存货实地盘存制可能使存货由各种差错引起的短少以及非正常损失全部挤入销售或耗用的成本中，从而掩盖存货管理中存在的问题。 ( )

5. 所有权不属于企业的货物，即使存放在企业里也不能作为企业的存货。 ( )

二、单项选择题

1. 存货按存放地点可以分成( )。

A. 委托加工存货 B. 自制半成品 C. 低值易耗品 D. 外购商品

2. 所谓的实地盘存制，是指平时在存货的明细账中( )。

A. 只登记收入材料的数量和金额

B. 只登记发出材料的数量和金额

C. 只登记收入、发出材料的数量，不登记收入、发出材料的金额

D. 既登记收入材料的数量和金额，也登记发出材料的数量和金额

3. 下列存货中，比较适合采用永续盘存制的有( )。

A. 单价不高、自然损耗较大、数量不稳定的存货

B. 商品流通零售企业的鲜活商品

C. 施工企业的粗沙、碎石等

D. 商品流通零售企业的金银珠宝、贵重首饰

4. 永续盘存制也称( )。

A. 实地盘存制 B. 定期盘存制 C. 账面盘存制 D. 账外盘存制

三、多项选择题

1. 存货是企业在日常活动中(　　)。

A. 持有以备出售的产成品或商品　　B. 持有在用的设备、设施等

C. 处在生产过程中的在产品　　D. 为生产或提供劳务备用的材料和物料

2. 某项经济资源满足(　　)条件，才能确认为企业存货。

A. 符合存货的定义　　B. 包含的经济利益很可能流入企业

C. 存放在本企业　　D. 成本能够可靠计量

3. 作为企业的“存货”，其特点为(　　)。

A. 相对无形资产，存货有实物形态

B. 相对长期资产，存货有较强的流动性

C. 存货变现能力不如货币资产，并有发生损失的可能性

D. 持有存货的目的是耗用而非出售

业务题

2025 年 5 月 31 日，福建苏喜服饰有限责任公司某些账户的余额如下所示，请计算该企业当月资产负债表“存货”项目的金额。

原材料：98 000 元；包装物 20 000 元；低值易耗品 15 000 元；生产成本 240 000 元；委托加工物资 120 000 元；库存商品 480 000 元；受托代销商品 90 000 元；存货跌价准备 183 000 元；固定资产 500 000 元；累计折旧 85 000 元。

说明：以上科目包含了存货涉及的所有科目。

业务处理过程记录：

存货(列出计算过程)=

子项目 2　存货收发的计价方法

理论题

一、判断题

1. 企业无论以何种方式获得存货，存货都应按照成本进行初始计量。　　(　　)

2. 实际成本法又叫个别计价法。 ( )
3. 投资者投入的存货，必须按合同或协议约定的价值作为实际成本。 ( )
4. 发出存货的计价方法分为实际成本法和计划成本法两类。 ( )
5. 先进先出法手续烦琐、对仓库管理要求高。 ( )

二、单项选择题

1. 采用( )的存货，其实物流动与成本流动相一致。
A. 个别计价法 B. 先进先出法 C. 加权平均法 D. 后进先出法
2. ( )适用于存货收入批次较多、数量较大、价格波动不大的存货。
A. 先进先出法 B. 后进先出法 C. 个别计价法 D. 加权平均法
3. 企业不得采用( )计算发出存货的成本。
A. 先进先出法 B. 后进先出法 C. 个别计价法 D. 加权平均法
4. 采用( )计算发出存货成本，具有“核算工作量较小，发出存货单位成本较均衡”的优点。
A. 先进先出法 B. 后进先出法 C. 个别计价法 D. 加权平均法

三、多项选择题

1. 存货成本包括存货的( )。
A. 采购成本 B. 加工成本 C. 销售成本 D. 其他成本
2. 下列费用应当在发生时确认为当期损益，不得计入存货成本的是( )。
A. 生产过程正常消耗的直接材料、直接人工和制造费用
B. 生产过程非正常消耗的直接材料、直接人工和制造费用
C. 在生产过程中为达到下一个生产阶段所必需的费用
D. 存货仓储费用
3. 发出存货采用先进先出法，下列说法正确的有( )。
A. 随时结转存货成本，及时反映存货资金占用的情况
B. 发出存货的成本，与这种存货的现行市场成本价最接近
C. 期末库存存货的成本，与这种存货的现行市场成本价最接近
D. 当物价持续下跌时，采用先进先出法符合谨慎性原则

业务题

上海市四喜服饰有限公司根据有关原始单据，对 2025 年 10 月份“材料—PU 革”的初期结存及本月进出仓情况进行汇总，如表 4-1 所示。请分别采用个别计价法、先进先出法、加权平均法计算本月发出 PU 革的单价、金额，月末结存 PU 革的数量、单价、金额，并根据有关会计凭证，登记到 PU 革的“物资明细账”中。

表 4-1

时 间	摘 要	数量(米)	单价(元/米)	金额(元)	备 注
10 月 01 日	上月结存	400	15.10	6 040	501 批次
10 月 09 日	购 入	2 400	15.25	36 600	502 批次
10 月 12 日	发 出	2 400	领用 502 批次		
10 月 18 日	购 入	600	15.35	9 210	503 批次
10 月 21 日	发 出	1 000	领用 501 批次、503 批次		
10 月 30 日	购 入	500	15.30	7 650	504 批次

业务处理(1)过程记录：

将采用个别计价法的处理结果填写在图 4-1 上。

名称及规格：PU 革　　**物资明细账**　　最高储备量：4 000

存放地点：第 1 仓库　　最低储备量：400

25年 月	日	凭证	摘要	借（收入）方 批号	数量	单价	金额	核对号	贷（发出）方 批号	数量	单价	金额	结存 批号	数量	单价	金额
10	1	略	结存										501	400	15.10	6 040

图 4-1

业务处理(2)过程记录：

将采用先进先出法的处理结果填写在图 4-2 上。

名称及规格：PU 革　　**物资明细账**　　最高储备量：4 000

存放地点：第 1 仓库　　最低储备量：400

25年 月	日	凭证	摘要	借（收入）方 数量	单价	十	万	千	百	十	元	角	分	核对号	贷（发出）方 数量	单价	十	万	千	百	十	元	角	分	结存 数量	单价	十	万	千	百	十	元	角	分
10	1	略	结存																						400	15.10			6	0	4	0	0	0

图 4-2

业务处理(3)过程记录：

将采用加权平均法的处理结果填写在图 4-3 上。

名称及规格：PU 革　　**物资明细账**　　最高储备量：4 000

存放地点：第 1 仓库　　最低储备量：400

25年		凭证	摘要	借（收入）方										核对号	贷（发出）方										结存									
月	日			数量	单价	十	万	千	百	十	元	角	分		数量	单价	十	万	千	百	十	元	角	分	数量	单价	十	万	千	百	十	元	角	分
10	1	略	结存																						400	15.10			6	0	4	0	0	0

图 4-3

子项目 3　原　材　料

理论题

一、判断题

1. 外购存货成本是存货从采购到验收入库前发生的与采购有关的所有支出。（　　）
2. 原材料按实际价格反映时，在途物资账户必须以实际价格反映。（　　）
3. 原材料按计划价格反映时，物资采购账户必须以计划价格反映。（　　）
4. 小规模纳税人采购材料所支付的增值税不得抵扣，应当计入采购成本。（　　）
5. “材料成本差异”账户期末贷方余额反映结存材料的节约差异。（　　）

二、单项选择题

1. 材料采购成本不包括(　　)类科目。

A. 买价　　B. 运输途中合理损耗

C. 运费　　D. 材料入库后挑选整理费用

2. 存货采购成本不包括(　　)税费。

A. 消费税　　B. 进口关税

C. 资源税　　D. 一般纳税人增值税进项税额

3. 外购材料按实际成本计价的，在(　　)时，需要通过“在途物资”科目进行会计核算。

A. 单货同到　　B. 单先到货后到

C. 货到单未到　　D. 前面三个选项均非正确选项

4. “材料成本差异”账户借方登记(　　)。

A. 入库材料超支差异　　B. 入库材料节约差异

C. 发出材料超支差异　　D. 发出材料节约差异

三、多项选择题

1. 甲公司向乙公司购买A材料，材料已验收入库，但单据尚未到达，到了月末，对这笔业务应当(　　)。

A. 借记“原材料”　　B. 借记“在途物资”

C. 贷记“应付账款—乙公司”　　D. 贷记“应付账款—暂估应付账款”

2. 原材料采用计划成本核算时，应当设置(　　)账户进行会计核算。

A. 物资采购　　B. 在途物资

C. 原材料　　D. 材料成本差异

3. 区分实际成本与计划成本的关键账户是(　　)。

A. 物资采购　　B. 在途物资

C. 原材料　　D. 材料成本差异

业务题

业务一：

2025年10月9日，一般纳税人上海四喜服饰有限公司从一般纳税人广东天富棉纺厂购进锦棉布，增值税专用发票(略)显示：数量5 000码，单价20元，金额100 000元，税额13 000元；天富棉纺厂转来代垫运费的增值税专用发票(略)显示：天富棉纺厂代付运费1 362.50元(含税、税率9%)。四喜服饰有限公司开出一张转支票(略)支付全部款项。

业务处理过程记录：

根据增值税专用发票、支票存根等编制记账凭证(以会计分录代替)。

业务二：

2025年10月10日，上海四喜服饰有限公司财务部收到仓库传来“材料入库单”(财务联)如图4-4所示。

材 料 入 库 单

2021 年 10 月 12 日

收料仓库：第 1 仓库															交库单位：采购部
编号	品名	规格	单位	数量		单价	金额								
				请收	实收		百	十	万	千	百	十	元	角	分
A18	锦棉布		码	5 000	5 000	20.24		1	0	1	2	0	0	0	0
备注						合计	¥	1	0	1	2	0	0	0	0

第四联 财务

仓库负责人　　　验收人 王华感

图 4-4

业务处理过程记录：

根据审核无误的入库单编制记账凭证(以会计分录代替)。

业务三：

2025 年 10 月 27 日，上海新华都购物广场从一般纳税人福建鸿星尔克公司购进了跑步鞋 650 双，合同单价为 98 元，合同总价为 63 700 元，跑步鞋已验收入库(入库单只填写数量未填写金额)，但增值税专用发票、委托收款凭证等单据直到 11 月 5 日才收到，上海新华都购物广场开出一张转账支票(略)支付全部的价税款。

请对上述业务进行会计处理。

业务处理过程记录：

1. 月末按合同暂估价入账，编制相应的会计分录。

2. 次月(11 月)初，红字冲销上月暂估入账的会计分录。

3. 2025 年 11 月 5 日收到增值税专用发票(略)等单据，注明：价款 63 700 元，增值税 8 281 元，请编制相应的会计分录。

业务四：

潮流童装股份有限公司存货采用计划价格核算，本月该公司购入原材料的计划成本和差异已全部登记到“材料成本差异明细账—原材料”中，本月发出材料的计划成本也已全部登记到“材料成本差异明细账—原材料”中，如图 4-5 所示。

材料成本差异明细账

明细账户：原材料　　　　单位：元

25年		凭证	摘要	本月收入			差异分配率	本月发出			本月结存		
月	日			计划成本	成本差异			计划成本	成本差异		计划成本	成本差异	
					超支	节约			超支	节约		超支	节约
10	1	略	结存								38 400		150
10	7	略	发出					36 000			2 400		
10	12	略	购入	60 000	3 150						62 400		
10	15	略	发出					61 200			1 200		
10	29	略	购入	27 600	2 040						28 800		
10	31	略	本月合计										

图 4-5

潮流童装股份有限公司 2021 年 10 月份发出材料费用汇总分配情况见图 4-6。

潮流童装股份有限公司材料费用汇总分配表

2021 年 10 月 31 日

发出材料 / 分配对象	A 材料			B 材料			C 材料			金额合计
	数量	计划单价	金额	数量	计划单价	金额	数量	计划单价	金额	
男童套装	2 400	12	28 800	1 200	15	18 000				46 800
女童套装	2 160	12	25 920	960	15	14 400				40 320
基本车间							300	8	2 400	2 400
辅助车间							600	8	4 800	4 800
行政管理部门							240	8	1 920	1 920
专设销售机构							120	8	960	960
合　计	4 560	12	54 720	2 160	15	32 400	1 260	8	10 080	97 200

复　核　　　　　制　单

图 4-6

业务处理过程记录：

1. 根据图 4-6 编制潮流童装股份有限公司本月发出材料的记账凭证(以会计分录代替)。

2. 计算潮流童装股份有限公司本月材料成本差异率及本月发出存货应负担的差异。

(1) 本月材料成本差异率。

(2) 潮流童装股份有限公司本月发出材料应负担的成本差异。

男童套装领用材料应负担的成本差异=

女童套装领用材料应负担的成本差异=

基本车间领用材料应负担的成本差异=

辅助车间领用材料应负担的成本差异=

行政管理部门领用材料应负担的成本差异=

专设销售机构领用材料应负担的成本差异=

3. 编制结转材料成本差异的记账凭证(以会计分录代替)。

4. 在图 4-5 上登记 10 月份“本月合计”行次的内容(其他登记业务略)。

子项目 4 周 转 材 料

理论题

一、判断题

1. 周转材料是指企业反复使用仍保持原有形态不变、价值逐渐转移，又不能被确认为固定资产的存货。 (　　)

2. 周转材料是企业的商品存货。 (　　)

3. 周转材料除包装物以外，多供企业内部使用，一般不随商品流转而转移。（　　）

4. 低值易耗品是单位价值较低，使用年限较短，其实物可以是产品的组成部分，但不能作为固定资产的有形物品。（　　）

5. 小企业领用包装物、低值易耗品等周转材料，均采用一次摊销法进行摊销。（　　）

二、单项选择题

1. 随同产品出售不单独计价的包装物，领用时，应借记（　　）科目。

A. 管理费用　　B. 销售费用

C. 周转材料—包装物　　D. 营业外支出

2. 用于存储和保管存货而不对外出售，且使用年限较短、单位价值不大的包装物，应通过（　　）科目进行会计核算。

A. 周转材料—低值易耗品　　B. 固定资产

C. 周转材料—包装物　　D. 原材料—包装材料

3. 采用一次摊销法，在"低值易耗品"总分类科目下，应设（　　）明细分类科目，进行明细分类核算。

A. 低值易耗品—在库　　B. 低值易耗品—在用

C. 低值易耗品—摊销　　D. 低值易耗品—某某低值易耗品

4. 实行《小企业会计准则》的企业，出租包装物发出时，应借记（　　）科目。

A. 主营业务成本　　B. 其他业务成本　　C. 营业外支出　　D. 销售费用

三、多项选择题

1. 企业的周转材料包括（　　）。

A. 原材料　　B. 包装物

C. 低值易耗品　　D. 施工企业的钢模板、木模板、脚手架

2. 下列各项中不应列入"包装物"科目核算的有（　　）。

A. 随同产品出售单独计价的包装物

B. 以出售为目的的自制包装物

C. 用于储存和保管存货而不对外出售的包装物

D. 各种包装材料如纸、绳、铁丝、铁皮等

3. 小企业发生（　　）经济业务，应贷记"营业外收入"。

A. 收取出租包装物的租金　　B. 没收出租包装物的押金

C. 收到非股东捐赠的设备　　D. 收到销售商品的货款

业务题

业务一：

潮流童装股份有限公司出售产品时出借一批包装物，价值2 000元；出借时转账收取对

方押金 3 000 元；一个月后收回出借包装物，发现已损坏，只能作残料使用，价值 200 元。企业没收其押金 2 260 元，剩余押金 740 元以现金退还。

请根据有关单据(略)进行会计处理。

业务处理过程记录：

1. 编制收取包装物押金的记账凭证(以会计分录代替)。

2. 借出包装物采用一次摊销法，请编制发出包装物的记账凭证(以会计分录代替)。

3. 请编制收回出借包装物残料的记账凭证(以会计分录代替)。

4. 请编制没收部分押金，归还部分押金的记账凭证(以会计分录代替)。

业务二：

潮流童装股份有限公司领用一批低值易耗品，价值 5 000 元，其中，生产车间领用 3 000 元，行政管理部门领用 1 200 元，专设销售机构领用 800 元。该公司对低值易耗品采用五五摊销法，请根据有关原始凭证(略)进行账务处理。

业务处理过程记录：

1. 编制领用低值易耗品的记账凭证(以会计分录代替)。

2. 编制领用低值易耗品时摊销 50%的记账凭证(以会计分录代替)。

3. 编制低值易耗品报废时摊销剩余 50%的记账凭证(以会计分录代替)。

4. 编制结转低值易耗品全部摊销额的记账凭证(以会计分录代替)。

5. 低值易耗品报废时收回残料500元，其中，车间收回300元，行政管理部门收回80元，专设销售机构收回120元。

子项目5　委托加工物资

理论题

一、判断题

1. 委托加工物资就是企业委托外单位将企业的材料物资或半成品，加工成企业所需要的另一种存货。　(　　)

2. 加工后收回物资的实际成本=拨付加工物资的实际成本+往返运杂费+加工费+应计入加工成本的税金-拨付加工物资剩余退回的实际成本。　(　　)

二、单项选择题

1. 委托加工收回后直接用于销售的应税消费品，缴纳消费税，应借记(　　)。

A. 应交税费—应交消费税　　B. 委托加工物资—受托单位

C. 税金及附加—消费税　　D. 销售费用

2. 发出材料委托加工，支付将材料送往加工单位的运费，应借记(　　)。

A. 在途物资　　B. 原材料　　C. 委托加工物资　　D. 管理费用

三、多项选择题

1. 企业委托其他企业加工的原因主要有(　　)。

A. 自身业务繁忙　　B. 自身技术水平有限

C. 委托加工的成本低于自己生产的成本　　D. 兼而有之

业务题

2025年12月份，江西九江纺织厂委托九江印染厂印染一批白坯布，请根据委托加工商品发货单(见图 4-7)、增值税专用发票(略)、银行结算凭证(略)、委托加工商品收货单(见图 4-8)等原始凭证进行相应的业务处理。

委托加工商品发货单

发货单位：第一仓库

加工单位：九江印染厂　　2025 年 12 月 10 日　　字 第　号

编号	品名规格	计量单位	应发数量	实发数量	单位成本	金额									
						千	百	十	万	千	百	十	元	角	分
S236	白坯布	码	6 000	6 000	7.50			¥	4	5	0	0	0	0	0
合同编号：委加 20161210 号															

发货人：周晓美　　制表：周晓美

图 4-7

委托加工商品收货单

收货单位：第一仓库

加工单位：九江印染厂　　2025 年 12 月 23 日　　字第　号

编号	品名规格	计量单位	应收数量	实收数量	单位成本	收回物资总成本				
						总 额	原 料	加工费	运杂费	税 金
S336	彩色布	码	6 000	6 000	9.60	57 600.00	45 000.00	12 000.00	600.00	—
合同编号：委加 20161210 号										

验收人：周晓美　　制表：周晓美

图 4-8

业务处理过程记录：

1. 根据图 4-7 编制记账凭证(以会计分录代替)。

2. 九江纺织厂支付往返运费 654 元(含税，税率 9%)，白坯布加工后用于应纳增值税项目，请根据有关单据编制记账凭证(以会计分录代替)。

3. 九江纺织厂支付九江印染厂印染费 12 000 元，增值税 1 560 元，请根据有关单据编制记账凭证(以会计分录代替)。

4. 委托九江印染厂印染的白坯布已印染完毕，全部回收入库。根据有关单据(见图4-8)编制记账凭证(以会计分录代替)。

子项目6　存货清查

理论题

一、判断题

1. 存货清查是指通过对存货的盘点，确定其实有数，并与账面数相核对，从而确定存货的账实是否相符的一种专门方法。（　　）

2. 小企业盘盈存货，在处理时，应转入"营业外收入"账户。（　　）

3. 自然灾害造成的存货盘亏，已抵扣的增值税进项税额应当转出。（　　）

4. 存货自然溢余造成的盘盈，处理时一般贷记"营业外收入"科目。（　　）

二、单项选择题

1. 存货盘点的主要方法有(　　)。

A. 账面盘点法　　B. 技术推算法　　C. 对账单法　　D. 查询法

2. 自然损耗造成的存货盘亏，处理时一般借记(　　)科目。

A. 管理费用　　B. 其他应收款

C. 营业外支出　　D. 待处理财产损溢

3. 存货盘亏，按税法规定，存货已抵扣的进项税额应当转出的是(　　)。

A. 自然损耗、定额内损耗　　B. 意外事故

C. 台风、地震造成的损失　　D. 管理不善造成的霉烂变质

三、多项选择题

1. 存货清查的目的，主要包括(　　)。

A. 及时发现存货在管理过程中可能出现的计量差错、损耗、贪污失窃、变质等现象

B. 及时处理存货管理过程中存在的问题，完善存货管理制度

C. 保证存货安全，提高存货使用效率

D. 确保存货账实相符

2. 小企业盘亏存货，(　　)应转入"营业外支出"。

A. 责任人赔偿部分　　B. 正常净损失

C. 保险公司理赔部分　　　　　　　　　D. 非正常净损失

3. 如果待处理财产损溢在年终未经批准，下列会计处理不正确的有(　　)。

A. 在对外提供会计报表时，先按规定的方法进行会计处理，并在报表附注中说明

B. 在对外提供会计报表时，暂不作处理，但在报表附注中说明

C. 在对外提供会计报表时，先按规定的方法进行会计处理，但不在附注中说明

D. 在对外提供会计报表时，暂不作处理，也不必在报表附注中说明

业务题

长盛男装股份有限公司 2021 年 12 月存货盘点报告表如图 4-9 所示，请编制处理前和处理后的记账凭证。

存货盘点报告表

2021 年 12 月 31 日

存货编号	名称规格	计量单位	数量		单价	盘盈		盘亏		原因
			账存	实存		数量	金额	数量	金额	
C01	锦棉布	码	6 600	6 560	8.00			40	320	正常的收发误差
C02	纽扣	百粒	320	324	24.50	4	98			正常的收发误差
D01	拉链	条	6 000	4 200	1.50			1800	2 700	管理不善造成被盗

保管员：　　　　　　　　　　清查员：

图 4-9

业务处理过程记录：

1. 盘点存货，未查明原因之前编制记账凭证(以会计分录代替)。

(1) 盘盈纽扣，编制处理前的记账凭证(以会计分录代替)。

(2) 盘亏锦棉布，编制处理前的记账凭证(以会计分录代替)。

(3) 盘亏拉链，编制处理前的记账凭证(以会计分录代替)(增值税进项税额已全部抵扣，税率 13%)。

2. 查明原因后按规定处理，编制记账凭证(以会计分录代替)。

(1) 盘盈纽扣，编制处理的记账凭证(以会计分录代替)(执行会计准则的规定)。

(2) 盘亏锦棉布，编制处理的记账凭证(以会计分录代替)(执行会计准则的规定)。

(3) 盘亏拉链，编制处理的记账凭证(以会计分录代替)(管理者张三赔偿总额的40%，其余按规定处理)。

子项目7　存货期末计量

理论题

一、判断题

1. 资产负债表日，存货应当按照成本与可变现净值孰高计量。 (　　)

2. 当存货成本高于可变现净值时，存货按可变现净值计量。 (　　)

3. 资产减值损失确认后，减值资产的折旧或摊销费用应在未来期间作出相应的调整，以使该资产在剩余使用寿命内，系统地分摊调整后的资产账面价值。 (　　)

4. 小企业也应当计提存货跌价准备。 (　　)

二、单项选择题

1. 一般纳税人在资产负债表日，当存货成本高于可变现净值时，按其差额提取存货跌价准备，借记(　　)科目。

A. 存货跌价准备　　B. 管理费用　　C. 资产减值损失　　D. 信用减值损失

2. 提取了跌价准备的存货对外出售，在结转存货成本的同时应冲减已提取的跌价准备，借记(　　)科目。

A. 存货跌价准备　　B. 主营业务成本　　C. 其他业务成本　　D. 资产减值损失

3. 如果某一种材料的账面价值高于市场价格，但用某一种材料生产的产成品，其可变现净值高于生产成本，则(　　)。

A. 某一种材料应提取跌价准备　　B. 某一种材料不提取跌价准备
C. 产成品应提取存货跌价准备　　D. 本题无解

4. 直接用于出售，且已签订了销售合同的存货，其可变现净值=(　　)。
A. 合同价　　B. 市场正常售价
C. 合同价-估计销售费用　　D. 合同价-估计销售费用和相关税金

三、多项选择题

1. 存货的计量属性主要有历史成本和(　　)。
A. 重置成本　　B. 可变现净值　　C. 现值　　D. 公允价值

2. 资产减值损失一经确认，在以后会计期间不得转回，但企业提取的(　　)相关资产的价值得以恢复的，可在原计提减值准备金额内予以转回。
A. 坏账准备　　B. 存货跌价准备
C. 持有至到期投资减值准备　　D. 贷款损失准备

3. 编制资产负债表时，(　　)应作为“存货”项目的增加额。
A. 原材料期末余额　　B. 生产成本期末余额
C. 制造费用本期发生额　　D. 存货跌价准备期末余额

4. (　　)的存货，应当将存货的账面价值全部确认为跌价准备。
A. 已经霉烂变质
B. 已经过期并且毫无转让价值
C. 虽没过期，但已经没有使用价值和转让价值
D. 其他足以证明已无使用价值和转让价值

业务题

业务一：

2024 年 12 月 31 日，大新公司库存男衬衫 1 000 件，每件生产成本为 30 元，根据资产负债表日市场情况，经计算可变现净值为 24 元。按规定对这 1 000 件男衬衫提取存货跌价准备，请编制相应的会计分录。

业务处理过程记录：

1. 库存男衬衫 1 000 件应提取的存货跌价准备金额=

2. 根据计算结果编制记账凭证(以会计分录代替)。

业务二：

2025 年 5 月，大新公司库存男衬衫 1 000 件全部售出，请结转已销男衬衫生产成本，并冲减已提取的存货跌价准备。

根据审核无误的有关资料编制记账凭证(以会计分录代替)。

业务处理过程记录：

1. 编制结转已销男衬衫生产成本的记账凭证(以会计分录代替)。

2. 编制冲销已提取跌价准备的记账凭证(以会计分录代替)。

项目五 金融资产

子项目 1　金融资产基本理论

理论题

一、判断题

1. 金融资产能够在市场交易中为其所有者提供即期或远期的货币收入流量。（　）

2. 金融资产的流动性与风险性正相关，而风险性与收益性则负相关。（　）

3. 不能对以公允价值计量且变动计入当期损益的金融资产收取合同现金流量。（　）

4. 企业应合理配置金融资产比例，防止经济过度虚拟化，从而影响企业的核心竞争力，破坏企业的稳定发展。（　）

5. 建设金融强国是全面建设社会主义现代化强国的内在要求和必然选择。（　）

二、单项选择题

1.（　）是实物资产的对称，指单位或个人拥有的以价值形态存在的资产，是一种索取实物资产的无形的权利。

A. 无形资产　　B. 金融资产　　C. 流动资产　　D. 速动资产

2. 下列各选项中，不属于企业金融资产的有（　）。

A. 应收账款　　B. 预付账款

C. 债权投资　　D. 非交易性权益工具投资

3. 大多数国家或地区都拥有金融市场，允许金融资产在金融市场上依法交易，反映了金融资产的（　）。

A. 流动性　　B. 收益性　　C. 风险性　　D. 自然属性

4.（　）应划为以公允价值计量且变动计入当期损益的金融资产。

A. 其他债权投资　　B. 非交易性权益工具投资

C. 以交易为目的而持有的股票　　D. 应收账款

三、多项选择题

1. 2017 年版的《企业会计准则第 22 号——金融工具的确认和计量》，将金融资产划分为三类，分别是（　）。

A. 以摊余成本计量的金融资产
B. 以历史成本计量的金融资产
C. 以公允价值计量且变动计入当期损益的金融资产
D. 以公允价值计量且变动计入其他综合收益的金融资产
2. 金融资产的风险包括(　　)。
A. 金融市场风险　　B. 信用风险　　C. 流动性风险　　D. 操作风险
3. 金融市场具有(　　)特征。
A. 不确定性　　B. 普遍性　　C. 扩散性　　D. 突发性

业务题

某企业发行债券 2 000 万元(指人民币，下同)，并持有库存现金 1 万元、银行存款 40 万元、信用证保证金存款 10 万元、应收账款 20 万元、预收账款 30 万元、其他应收款 1 万元、应收利息 2 万元、债权投资 80 万元。请计算该企业持有的金融资产总额。

业务处理过程记录：

某企业金融资产汇总表　　单位：万元

资产名称	资产类别	资产金额
	金融资产	
合计		

说明：本表格只填金融资产。

子项目 2　以摊余成本计量的金融资产

理论题

一、判断题

1. 以摊余成本计量的金融资产，在特定日期产生的现金流量仅为对本金和以未偿付本金金额为基础的利息支付。(　　)

2.“债权投资—成本”科目核算企业持有的长期债券的摊余成本。（　　）

3. 到期一次还本付息的长期债券，企业应设“应收利息”科目核算票面利息。（　　）

4. 购进时债券的摊余成本 =“债权投资—成本”±“债权投资—利息调整”。（　　）

二、单项选择题

1. 企业应设置(　　)科目，来核算票面利率与实际利率之间的差额。

A. 应收利息　　B. 债权投资—利息调整

C. 债权投资—应计利息　　D. 债权投资—成本

2. 企业持有到期一次还本付息的长期债券，其摊余成本为(　　)。

A.“债权投资—成本”+“债权投资—利息调整”

B.“债权投资—成本”-“债权投资—利息调整”

C.“债权投资—成本”±“债权投资—利息调整”

D.“债权投资—成本”±“债权投资—利息调整”+“债权投资—应计利息”

3. 企业持有分期付息、到期一次还本的长期债券，其摊余成本为(　　)。

A.“债权投资—成本”+“债权投资—利息调整”

B.“债权投资—成本”-“债权投资—利息调整”

C.“债权投资—成本”±“债权投资—利息调整”

D.“债权投资—成本”±“债权投资—利息调整”+“债权投资—应计利息”

三、多项选择题

1. 以摊余成本计量的金融资产包括(　　)。

A. 银行贷款　　B. 应收账款、应收票据

C. 企业持有的长期债券　　D. 企业以交易为目的持有的股票

2. 企业对以摊余成本计量的金融资产计提减值准备，应(　　)。

A. 借记“资产减值损失”　　B. 借记“信用减值损失”

C. 贷记“债权投资减值准备”　　D. 贷记“债权投资—成本”

3. (　　)应通过“应收利息”科目进行反映。

A. 购买时已宣告但尚未领取的利息　　B. 分期付息一次还本债券的票面利息

C. 一次还本付息债券的票面利息　　D. 债券的实际利息

业务题

业务一：

乙公司 2021 年 1 月 3 日从交易市场购入某国企 1 日发行的三年期债券，该债券票面利率为 5%，到期日一次还本付息。乙公司购入债券的面值为 500 000 元，实际支付价款 500 000 元，另支付相关税费 8 674. 50 元。乙公司购入债券后将其划分为持有至到期投资，购入债券的实际利率为 4. 17%。假定按年计提利息，利息不以复利计算。请对相关业务进行账务处理。

业务处理过程记录：

1. 2021 年 1 月 3 日购入某国企债券，编制的会计分录如下。

2. 第一年 12 月末，计算实际利息确认投资收益，进行利息调整，编制会计分录如下。

附：计算过程

第一年提取利息前的摊余成本＝

投资收益＝

3. 第二年 12 月末，计算实际利息确认投资收益，进行利息调整，编制会计分录如下。

附：计算过程

第二年提取利息前的摊余成本＝

投资收益＝

4. 第三年 12 月末，计算实际利息确认投资收益，进行利息调整，编制会计分录如下。

附：计算过程(可采用倒挤法进行计算)

(1) 采用和前二年一样的方法计算。

第三年提取利息前的摊余成本＝

最后一年投资收益＝

(2) 采用倒挤法计算。

最后一年“债权投资—利息调整”＝

最后一年投资收益＝

两种算法的计算结果若差距极小，大概率是四舍五入的关系，应采用倒挤法，方可结平有关账户。

第三年提取利息后的摊余成本＝

5. 到期收回本息(票面面值和按票面利率计算的利息)，编制会计分录如下。

业务二：

丙公司2021年1月3日从交易市场购入某国企2021年1月1日发行的三年期债券，该债券票面利率为5%，每年12月31日支付当年利息，到期日还本。丙公司购入债券的面值为400 000元，实际支付价款400 000元，另支付相关税费6 510元。丙公司购入债券后将其划分为持有至到期投资，购入债券的实际利率为4.409%。

请对相关业务进行账务处理。

业务处理过程记录：

1. 2021年1月3日购入某国企债券，编制的会计分录如下。

2. 第一年12月31日计提并收取利息。

（1）提取利息，确认投资收益，并进行利息调整的会计分录。

附：计算过程

第一年提取利息前的摊余成本=

投资收益=

（2）收到票面利息的会计分录。

3. 第二年12月31日计提并收取利息。

（1）提取利息，确认投资收益，并进行利息调整的会计分录。

附：计算过程

第二年提取利息前的摊余成本=

投资收益=

（2）收到票面利息的会计分录。

4. 第三年 12 月 31 日计提并收取利息。
(1) 提取利息，确认投资收益，并进行利息调整的会计分录。

附：计算过程(可采用倒挤法进行计算)
采用和前二年一样的方法计算
第三年提取利息前的摊余成本=
最后一年投资收益=
采用倒挤法计算
最后一年“债权投资—利息调整”=
最后一年投资收益=
两种算法的结果基本一致，因四舍五入的关系，采用倒挤法方可结平有关账户。
(2) 收到票面利息的会计分录。

第三年提取利息后的摊余成本=
5. 到期日，收回债券面值的会计分录。

子项目 3　以公允价值计量且变动计入当期损益的金融资产

理论题

一、判断题

1. 企业取得交易性金融资产时，应以市场交易价格为基础确定其公允价值，并按取得时的公允价值作为其初始入账金额。（　）

2. 本年度金融资产转让损失形成的“应交税费—转让金融商品应交增值税”借方余额，可以转入下年度继续抵扣。（　）

3. 转让金融商品，应以金融商品的销售金额乘以规定的税率计算增值税。（　）

4. 交易性金融资产的账面价值＝“交易性金融资产成本”+“交易性金融资产公允价值变动”。（　　）

二、单项选择题

1. 企业持有以公允价值计量且变动计入当期损益的金融资产，其主要目标是（　　）。

A. 收取合同现金流量　　B. 出售该类金融资产赚取差价

C. 长期持有该类金融资产　　D. 掌握被投资单位控制权

2. 以赚取差价为目的购入股票 100 万元，含已宣告未发放的现金股利 3 万元。另付税费 1 000 元、增值税 60 元，则应借“交易性金融资产—股票—成本”（　　）元。

A. 1 000 000　　B. 970 000　　C. 971 000　　D. 971 060

3. 小企业取得各种能随时变现且持有时间不准备超过 1 年（含 1 年）的有价证券和其他投资等，应设置（　　）科目进行核算。

A. 交易性金融资产　　B. 可供出售的金融资产

C. 权益工具投资　　D. 短期投资

4. 当交易性金融资产公允价值高于其账面余额时，公允价值与账面价值的差额应当计入当期损益，借记（　　）科目。

A. 交易性金融资产—成本　　B. 交易性金融资产—公允价值变动

C. 公允价值变动损益　　D. 投资收益

三、多项选择题

1. 企业购入交易性金融资产，支付交易费用，应当借记（　　）。

A. 投资收益　　B. 交易性金融资产—成本

C. 应交税费—应交增值税（进项税额）　　D. 其他综合收益

2. 金融商品交易中涉及增值税的，正确处理方法包括（　　）。

A. 购进金融商品，进项增值税应计入金融商品的成本

B. 购进金融商品，进项增值税在“应交税费”账户反映

C. 出售金融商品，按出售价和购入价之差作为销售额计算增值税

D. 金融商品买卖发生的交易费用的增值税，应在“应交税费—应交增值税”账户反映

3. 企业转让交易性金融资产，可能贷记（　　）科目。

A. 其他货币资金—存出投资款　　B. 交易性金融资产—成本

C. 交易性金融资产—公允价值变动　　D. 投资收益

业务题

新海股份有限公司为增值税一般纳税人，2023 年 9 月 10 日从上海证券交易所购入 A 上市公司的股票 60 000 股，每股成交价 15 元，总计成交价 900 000 元，另支付相关交易费用 1 350 元，取得增值税发票上注明的增值税税额为 81 元。

新海股份有限公司经研究，决定将所购入的 A 上市公司股票划为交易性金融资产进行管理和核算。请对相关业务进行账务处理。

业务处理过程记录：

1. 购入 A 上市公司的股票。

（1）取得交易性金融资产的会计分录。

（2）支付交易费用的会计分录。

2. A 上市公司 2024 年 3 月 12 日宣告发放 2023 年的现金股利，每 10 股发放现金股利 3 元，现金股利于 4 月 30 日到账。

（1）宣告发放现金股利的会计分录。

（2）现金股利到账的会计分录(假设无相关税费)。

3. 新海股份有限公司持有的 A 上市公司股票在 2024 年 6 月 30 日的公允价值为 800 000 元，假设不考虑相关税费和其他因素，请对公允价值变动进行账务处理。

新海股份有限公司持有的 A 上市公司股票的账面价值=

4. 新海股份有限公司于 2024 年 9 月 5 日将其持有的 A 上市公司股票全部出售，合计取得价款 990 800 元。

（1）假设不考虑相关税费，请对股票出售业务进行账务处理。

（2）计提转让 A 上市公司股票应交的增值税的会计分录。

附：计算过程

转让 A 上市公司股票应交增值税 =

子项目 4 以公允价值计量且变动计入其他综合收益的金融资产

理论题

一、判断题

1. “其他综合收益”科目按会计要素进行分类属于损益类科目。 ( )

2. 取得以公允价值计量且变动为计入其他综合收益的股权性投资，应计入“其他权益工具投资—成本”的金额就是取得时的公允价值。 ( )

3. 以公允价值计量且变动计入其他综合收益的股权性投资应提取减值损失。 ( )

二、单项选择题

1. 以公允价值计量且变动为计入其他综合收益的股权性投资，应通过( )科目进行会计核算。

A. 其他权益工具投资　　B. 交易性金融资产

C. 债权投资　　D. 其他债权投资

2. 以公允价值计量且变动计入其他综合收益的债权性投资发生减值损失时，应贷记( )科目。

A. 信用减值损失　　B. 资产减值损失

C. 债权投资减值准备　　D. 其他综合收益—信用减值准备

3. 下列不需要计提减值准备的金融资产有( )。

A. 以摊余成本计量的金融资产

B. 应收账款

C. 交易性金融资产

D. 以公允价值计量且变动计入其他综合收益的债权性投资

三、多项选择题

1. 以公允价值计量且变动计入其他综合收益的金融资产，其管理业务模式是以( )为目标。

A. 收取合同现金流量　　B. 出售该类金融资产

C. 长期持有该类金融资产　　D. 掌握被投资单位控制权

2. 以公允价值计量且变动计入其他综合收益的金融资产，主要包括(　　)。

A. 短期投资　　B. 债权投资

C. 其他债权投资　　D. 非交易性权益工具

业务题

业务一：

新天公司 2023 年 5 月 4 日从上海证券交易所购入 B 上市公司的股票 75 000 股，每股成交价 32 元(人民币，下同)，总计成交价 2 400 000 元，另支付证券交易税等交易费用 3 840 元。新天公司将 B 上市公司的股票划分为以公允价值计量且变动计入其他综合收益的金融资产。成交日 B 上市公司的股票包含已宣告尚未发放的现金股利 45 000 元。

业务处理过程记录：

1. 购买 B 上市公司股票的账务处理。

2. 新天公司于 5 月 30 日收到 B 上市公司发放的现金股利的账务处理。

3. 新天公司持有的 B 上市公司股票在 2023 年 6 月 30 日的公允价值为 2 250 000 元的账务处理。

4. 新天公司在 2023 年 9 月 8 日出售其持有的全部 B 上市公司股票，取得价款 2 100 000 元，另支付证券交易税 3 360 元的账务处理。

业务二：

新地公司 2023 年 5 月 20 日购入 C 上市公司的股票 1 000 000 股，占 C 上市公司有表决权股份的 5%。新地公司没有在 C 上市公司董事会中派出代表，将 C 上市公司股票划分为以公允价值计量且变动计入其他综合收益的金融资产。

业务处理过程记录：

1. 购买C上市公司股票时，转账支付价款合计5 008 000元的会计分录。

2. C上市公司股票2023年6月30日每股收盘价为5.20元，确认C上市公司股票公允价值变动192 000元的会计分录。

计算：公允价值变动金额=

3. C上市公司股票2023年12月30日每股收盘价为4.90元，确认C上市公司股票公允价值变动-300 000元的会计分录。

计算：公允价值变动金额=

4. 新地公司于2024年1月10日，以每股5.40元的价格将所持有的C上市公司股票全部转让，同时支付证券交易印花税8 640元的会计分录。

项目六 长期股权投资

子项目1 长期股权投资基本理论

理论题

一、判断题

1. 长期股权投资是指投资方对被投资单位实施控制、重大影响的权益性投资，以及对其合营企业的权益性投资。（ ）

2. 投资方可以控制被投资企业，则被投资企业为投资方的子公司。（ ）

3. 重大影响，指投资方对被投资企业的财务和经营政策有参与决策的权力，但并不能够控制或者与其他方一起控制这些政策的制定。（ ）

4. 一般投资方应当拥有被投资企业30%以上的股份，才能够对被投资企业构成重大影响。（ ）

5. 成本法是指“长期股权投资”按投资成本进行日常核算的一种方法。如果没有追加投资或收回投资，投资方“长期股权投资”的账面价值一般应当保持不变。（ ）

二、单项选择题

1. 当投资方直接拥有被投资企业（ ）以上的表决权资本，或者虽拥有的表决权资本不足（ ）却对被投资企业具有实质控制权的，通常就认定投资方能够控制被投资企业。

A. 30%　　B. 50%　　C. 75%　　D. 100%

2. 企业（ ）不属于企业的长期股权投资。

A. 完全控股的公司　　B. 持有60%股份的公司

C. 持有30%股份的公司　　D. 准备长期持有的公司债券

3. 长期股权的初始投资成本不包括（ ）。

A. 投资价款

B. 购买股权的佣金、手续费用

C. 交易过程中的各类税款（不含增值税）

D. 投资方为企业合并发生的审计、法律服务、评估咨询等中介费用

4. 成本法下，长期股权投资持有期间，被投资方宣告发放现金股利，投资企业应将其计入（ ）。

A. 长期股权投资的成本　　B. 营业外收入
C. 资本公积—其他积本公积　　D. 投资收益

5. 在权益法下，长期股权投资持有期间，投资企业应根据被投资方(　　)份额的变动情况相应调整“长期股权投资”账面价值。

A. 资产　　B. 负债　　C. 所有者权益　　D. 权益

三、多项选择题

1. 长期股权投资的类型包括(　　)。

A. 能够控制被投资企业
B. 共同控制被投资企业
C. 对被投资企业有重大影响
D. 无控制、无共同控制、无重大影响的权益性投资

2. 共同控制是通过合同约定建立起来的。在实际工作中，确定是否构成共同控制时，一般应以(　　)情形为确定基础。

A. 任何一个合营方均不能单独控制合营企业的生产经营活动
B. 涉及合营企业基本经营活动的决策需要合营各方一致同意
C. 管理层必须在合营各方一致同意的财务和经营政策范围内行使管理权
D. 管理层在合营各方多数(超过 80%)同意的财务和经营政策范围内行使管理权

3. (　　)应当采用成本法进行会计核算。

A. 投资企业能够对被投资方实施控制的长期股权投资
B. 投资企业能够对被投资企业实施共同控制的长期股权投资
C. 投资企业对被投资企业有重大影响的长期股权投资
D. 小企业的长期股权投资

4. 企业对(　　)应采用权益法进行会计核算。

A. 子公司　　B. 权益性投资　　C. 合营企业　　D. 联营企业

业务题

甲公司与乙公司及其股东在合并前不存在任何关系。甲公司于 2021 年 3 月 31 日支付有关资产取得了乙公司 35%的股权。

请判断，乙公司长期股权投资的类型，应采用哪种会计核算方法。

子项目 2　长期股权投资的取得

理论题

一、判断题

1. 同一控制下企业合并的本质是集团内部资产的账面调拨与重新配置，不具有商业实质，不产生经营性损益和非经营性损益。（　　）

2. 同一控制下的企业合并，合并方以存货作为合并对价的，应视同销售。（　　）

3. 以发行或增发普通股股票作为合并对价的，一般是折价发行。（　　）

4. 通过非企业合并方式形成的长期股权投资，本质上就是具有权益性投资性质的商业交易。（　　）

5. 非同一控制下的企业合并，合并方以存货作为合并对价的，应视同销售。（　　）

二、单项选择题

1. 同一控制下企业合并形成的长期股权投资，应在合并日，以(　　)作为长期股权投资的初始投资成本。

A. 合并方付出的资产、承担的债务、发行的权益性证券等公允价值之和

B. 取得被合并方净资产在被合并方财务报表中的账面价值的份额

C. 取得被合并方净资产在最终控制方合并财务报表中的账面价值的份额

D. 合并方付出的资产、承担的债务、发行的权益性证券等实际价值之和

2. 发行或增发普通股股票，发行方向证券公司支付佣金、手续费应借记(　　)。

A. 长期股权投资　　B. 资本公积—股本溢价

C. 资本公积—其他资本公积　　D. 财务费用

3. 合并方为合并支付了审计、法律服务、咨询评估等中介费用应借记(　　)。

A. 长期股权投资　　B. 投资收益　　C. 管理费用　　D. 财务费用

4. 非同一控制下企业合并形成的长期股权投资，应在合并日，以(　　)作为长期股权投资的初始投资成本。

A. 合并方付出的资产、承担的债务、发行的权益性证券等公允价值之和

B. 合并方付出的资产、承担的债务、发行的权益性证券等实际价值之和

C. 取得被合并方净资产在被合并方财务报表中的账面价值的份额

D. 取得被合并方净资产在最终控制方合并财务报表中的账面价值的份额

5. 以非企业合并方式形成的长期股权投资，长期股权投资成本与非货币性资产账面价值的差额，应计入(　　)。

A. 资产处置损益　　B. 资本公积—股本溢价

C. 投资收益　　D. 利润分配—未分配利润

三、多项选择题

1. 同一控制下企业合并形成的长期股权投资，在形成日编制会计分录时，如果资本公积的金额不够冲减的，则依次冲减(　　)。

A. 盈余公积　　B. 本年利润

C. 利润分配—未分配利润　　D. 投资收益

2. (　　)形成的长期股权投资，在会计核算上应采用成本法。

A. 同一控制下的企业合并　　B. 非同一控制下的企业合并

C. 同一控制下的非企业合并　　D. 非同一控制下的非企业合并

3. 以固定资产作为合并对价取得长期股权投资的，应借记(　　)。

A. 长期股权投资　　B. 固定资产减值准备

C. 累计折旧　　D. 长期投资减值准备

4. 在非企业合并方式下，以支付非货币性资产、债务重组取得长期股权投资的，应按(　　)确定长期股权投资成本。

A. 非货币性资产的实际价值　　B. 非货币性资产的公允价值

C. 非货币性资产交换准则　　D. 债务重组准则

5. 以支付现金取得的长期股权投资，其初始投资成本包括(　　)。

A. 买价　　B. 相关税费

C. 已宣告但尚未发放的现金股利　　D. 审计、咨询等中介费用

业务题

业务一：

2024 年 9 月 8 日，上市公司北方公司向其控股股东中华公司支付库存商品 5 000 件，市场总售价为 8 000 万元，生产成本 5 000 万元，取得中华公司持有的 D 公司 100%的股权，并于当日起能够对 D 公司实施控制，当日 D 公司可辨认净资产在最终控制方中华公司的合并财务报表中的账面价值为 8 300 万元。

北方公司合并日“资本公积—股本溢价”贷方余额为 8 900 万元。

假设不考虑其他因素，北方公司应如何进行账务处理。

业务处理过程记录：

业务二：

自然公司和自信公司为非同一控制下的两家独立公司。2024 年 8 月 8 日，自然公司以其拥有的一项专利权向自信公司投资，取得自信公司 50%的股权。该专利权原值 3 000 万元，已累计摊销 800 万元，已提取减值准备 400 万元。投资日自然公司专利权的公允价值

为 1 500 万元，自信公司可辨认净资产公允价值为 1 800 万元。

提示：转让专利技术的增值税税率为 6%。

假定不考虑相关税费，请进行相应的账务处理。

业务处理过程记录：

业务三：

2025 年 3 月 25 日，华强公司以自产 N 产品 4 500 件对西水公司进行投资，N 产品的生产成本为 3 000 万元，占西水公司可辨认净资产公允价值份额的 50%，N 产品作为投资对价，经确认的公允价值为 3 600 万元，增值税税率为 13%。请根据双方的投资协议书及 N 产品的出库单等相关单据进行相应的账务处理。

业务处理过程记录：

（1）以库存商品等存货作为合并对价的，存货视同销售。

（2）结转对外投资存货成本。

子项目 3　长期股权投资的后续计量

理论题

一、判断题

1. 在成本法下，除非追加投资或者收回投资，否则“长期股权投资”的账面价值应当保持不变。（　　）

2. 在成本法下，被投资单位发放股票股利时，投资方需要调整持股数量，并进行账务处理。（　　）

3. 投资时“长期股权投资”的初始成本大于被投资单位可辨认净资产公允价值份额的，投资方应调整“长期股权投资”已确认的初始投资成本。（　　）

4. 权益法下，资产负债表日，企业应对在被投资单位实现的净利润中所享有的份额进行账务处理，贷记“投资收益”。（　　）

二、单项选择题

1. 成本法下，被投资单位宣告发放现金股利，投资方(　　)。

A. 不需要进行账务处理　　B. 应借记“长期股权投资”

C. 应借记“应收股利”　　D. 应借记“银行存款”

2. 投资时“长期股权投资”的初始成本小于被投资方可辨认净资产公允价值份额的，采用权益法核算时，投资方应贷记(　　)。

A. 长期股权投资　　B. 投资收益　　C. 营业外收入　　D. 其他业务收入

3. 权益法下，被投资单位发生所有者权益的其他变动，投资方应借记或贷记(　　)。

A. 其他综合收益　　B. 资本公积—其他资本公积

C. 盈余公积　　D. 利润分配—未分配利润

三、多项选择题

1. 成本法下，被投资单位(　　)都不需要调整“长期股权投资”账面价值。

A. 可辨认净资产公允价值发生变动时　　B. 财务会计报告显示当年实现的净利润

C. 财务会计报告显示当年发生的净亏损　　D. 可辨认资产公允价值发生变动时

2. 权益法下，被投资单位宣告发放现金股利，投资方应(　　)。

A. 借记“应收股利”　　B. 借记“长期股权投资”

C. 贷记“应收股利”　　D. 贷记“长期股权投资”

业务题

业务一：

万胜公司持有上市公司三A公司25%的股份，采用权益法进行会计核算。2024年12月31日，三A公司财务会计报告显示当年实现净利润300万元。2025年3月8日，三A公司宣告发放现金股利200万元，并于2025年4月8日将现金股利转账到投资人账户。

请以万胜公司会计身份，对上述业务进行必要的账务处理。

业务处理过程记录：

1. 2024年12月31日，三A公司财务会计报告显示当年实现净利润300万元。

万胜公司确认“长期股权投资—损益调整”的金额=

2. 2025年3月8日，三A公司宣告发放现金股利。

万胜公司可分得现金股利=

3. 2025 年 4 月 8 日，三 A 公司发放现金股利。

业务二：

天海公司长期持有大同公司 30%的股份，对“长期股权投资—大同公司”采用权益法进行会计核算。2025 年 5 月 30 日，大同公司将以公允价值模式计量的投资性房地产转为固定资产的房地产，转换日公允价值小于账面净值 200 万元，计入了其他综合收益。假设不考虑其他因素，请以天海公司会计身份，进行相应的账务处理。

业务处理过程记录：

子项目 4　长期股权投资的减值与处置

理论题

一、判断题

1. 长期股权投资减值损失一经确认，在以后会计期间不得转回。（　　）

2. 无论是成本法还是权益法，对长期股权投资减值准备的处理是一样的。（　　）

3. 每年年末，企业应对长期股权投资进行减值测试，如果长期股权投资的可回收金额高于其账面价值，就应计提减值准备。（　　）

二、单项选择题

1. 成本法下，在企业出售或转让“长期股权投资”的账务处理中，（　　）科目可能记在借方也可能记在贷方。

A. 长期股权投资　　B. 长期股权投资减值准备

C. 银行存款　　D. 投资收益

2. 成本法下，在企业出售或转让“长期股权投资”的账务处理中，确定记在借方的科目是（　　）。

A. 长期股权投资　　B. 长期股权投资减值准备

C. 应收股利　　D. 投资收益

三、多项选择题

1. 权益法下，在企业出售或转让“长期股权投资”的账务处理中，（　　）科目可能记在借方也可能记在贷方。

A. 长期股权投资—损益调整　　B. 投资收益

C. 长期股权投资—其他综合收益　　D. 长期股权投资—其他权益变动

2. 权益法下，企业长期股权投资处置前，“长期股权投资—其他综合收益”均为借方余额的，结转“其他综合收益”时，应（　　）。

A. 借记“其他综合收益”　　B. 贷记“其他综合收益”

C. 借记“长期股权投资—其他综合收益”　　D. 贷记“投资收益”

业务题

业务一：

2024 年 12 月 31 日，华强集团首次对长期股权投资进行减值测试。截至 2024 年 12 月 31 日，企业长期股权投资(采用成本法核算)账面价值为 19 800 万元，经过减值测试确认其可回收金额为 15 000 万元，确认长期股权投资减值损失为 4 800 万元。

请对上述业务进行相应的账务处理。

业务处理过程记录：

业务二：

2025 年 5 月 8 日，新北公司将其持有的一项以权益法核算的长期股权投资全部出售，取得价款 1 800 万元，当日办妥相关手续。出售时，该长期股权投资的账面价值为 1 500 万元，其中“长期股权投资—投资成本”为 1 000 万元，“长期股权投资—损益调整”借方余额为 750 万元，“长期股权投资—其他权益变动”贷方余额为 250 万元。

请对上述业务进行相应的账务处理。

业务处理过程记录：

1. 冲减长期股权投资账面价值的会计分录。

2. 结转“其他权益变动”的会计分录。

项目七 固定资产

子项目1 固定资产基本理论

理论题

一、判断题

1. 固定资产是企业生产经营中重要的物质基础和技术基础，关系到产品的质量和生产成本，也是转变发展方式，构建资源节约型、环境友好型企业的关键。 （ ）

2. 固定资产是使用寿命超过一个会计年度的有形资产。 （ ）

3. 固定资产分类中的租出固定资产是指以融资租赁方式出租的固定资产。 （ ）

4. 原始价值也称实际成本或历史成本，是指企业购建某项固定资产达到可供使用状态前所发生的一切合理、必要的支出。 （ ）

5. 因征地而支付的补偿费应计入与土地有关的房屋、建筑物的价值内。 （ ）

二、单项选择题

1. 固定资产是企业的（ ）。

A. 短期资产 B. 流动资产 C. 非流动资产 D. 不动产

2. 已估价并单独入账的土地，应作为企业的（ ）。

A. 无形资产 B. 固定资产 C. 长期待摊费用 D. 其他长期资产

3. 企业（ ）属于未使用的固定资产。

A. 尚未投入生产的新增固定资产

B. 不需要，已报请上级等待调配处理的固定资产

C. 在经营租赁方式下租给外单位使用的固定资产

D. 按有关规定经过企业主管部门和同级财政部门批准封存不用的固定资产

4.（ ）是固定资产的基本计价标准，具有客观性和可验证性。

A. 重置完全价值 B. 账面净值 C. 可变现净值 D. 原始价值

三、多项选择题

1. 固定资产是企业为（ ）而持有的，使用寿命超过一个会计年度的有形资产。

A. 直接销售 B. 生产商品

C. 提供劳务 D. 出租或经营管理使用

2. 企业的有形资产要符合固定资产的定义，并同时满足(　　)条件，方能确认为固定资产。

A. 该有形资产包含的经济利益很可能流入企业

B. 该有形资产包含的经济利益确定流入企业

C. 该有形资产的成本能够可靠地计量

D. 该有形资产有明确的使用时间和使用范围

3. 固定资产按使用情况进行分类，使用中的固定资产包括(　　)。

A. 因季节性生产暂时停止使用，存放在车间备用的固定资产

B. 因大修理暂时停止使用的固定资产

C. 因非正常原因暂时停止使用的固定资产

D. 尚未投入生产的新增固定资产

4. 关于固定资产计价，下列表述正确的有(　　)。

A. 原始价值可以比较真实地反映固定资产的现时价值

B. 重置完全价值可以比较真实地反映固定资产的现时价值

C. 历史成本应作为固定资产普遍的计价基础

D. 账面净值应作为固定资产普遍的计价基础

业务题

天业股份有限公司向甲公司购入一台旧设备，该设备在甲公司的账簿上显示：原值为150万元，已计提折旧35万元。经协商，天业股份有限公司支付100万元的价款和13万元增值税，购入该项固定资产。请计算天业股份有限公司购入旧设备的原值。

业务处理过程记录：

子项目2　固定资产的取得

理论题

一、判断题

1. 外购固定资产的入账价值包括买价、进口关税、消费税、增值税以及为使固定资产达到预定可使用状态前所发生的可直接归属于该项资产的其他支出。　　(　　)

2. 企业外购固定资产，其入账价值不包括由购货方承担的安装费用。（　　）

3. 投资者投入的固定资产，必须按投资各方确认的价值入账。（　　）

4. 盘盈固定资产，市场上无同类产品的，应以盘盈固定资产预计未来现金流量的现值入账。（　　）

二、单项选择题

1. 购入工程建设用专项材料并验收入库，应借记（　　）。

A. 原材料　B. 工程物资　C. 在建工程　D. 材料采购

2. 工程建设期间，提取为购建固定资产所借款项的利息，应借记（　　）。

A. 固定资产　B. 财务费用　C. 在建工程　D. 营业外支出

3. 企业盘盈设备，处理前编制会计分录，应贷记（　　）。

A. 待处理财产损溢　B. 营业外收入　C. 以前年度损益调整　D. 资本公积

4. 接受捐赠的固定资产，捐赠方提供了合法凭据的，（　　）作为入账价值。

A. 以同类或类似固定资产的市场价格为标准估计的金额加上应付的相关税费

B. 以该固定资产预计未来现金流量的现值

C. 以凭据上标明的金额

D. 以凭据上标明的金额加上应当支付的相关税费（不含按规定可以抵扣的增值税）

三、多项选择题

1. 增值税一般纳税人购入（　　），其固定资产入账价值还包括外购固定资产时支付的不可抵扣的增值税。

A. 用于非增值税应税项目、免征增值税项目的固定资产

B. 由增值税应税商品生产的固定资产

C. 用于集体福利或个人消费的固定资产

D. 自用消费品如应征消费税的游艇、汽车和摩托车等

2. 一般纳税人按批准意见对盘盈的固定资产进行处理时，应贷记（　　）。

A. 应交税费—应交所得税　B. 盈余公积

C. 以前年度损益调整　D. 利润分配—未分配利润

3. 小企业盘盈固定资产，在处理意见下达前应先将资产入账，应（　　）。

A. 借记“固定资产”　B. 贷记“以前年度损益调整”

C. 贷记“待处理财产损溢”　D. 贷记“营业外收入”

业务题

业务一：

2025 年 8 月，远足鞋业购入一条全自动制鞋流水线，购买价 2 000 000 元，增值税 260 000 元（有关原始凭证略），安装费用 50 000 元由出售方承担。固定资产安装完毕，验

收合格交付使用。请进行相关的账务处理。

业务处理过程记录：

业务二：

2025 年，远足鞋业自建仓库 1 座，从购买建设物资、开工建设到最后完工并验收合格进行竣工决算，财务人员全程参与核算与监督，请进行有关账务处理。

业务处理过程记录：

1. 购入仓库建设用材料，价值 100 万元、增值税 13 万元，材料已验收(验收单略)入库，价税款转账(转账凭证略)付讫，编制会计分录。

2. 仓库开建，领用工程物资 100 万元，编制会计分录。

3. 仓库建设，领用原材料 5 万元，编制会计分录。

4. 提取仓库建设人员工资 15 万元，编制会计分录。

5. 仓库建设完毕，验收交付使用，并办理竣工决算，结转工程建设成本，编制会计分录。

业务三：

2025 年 9 月，远足鞋业在财产清查中盘盈电脑一台，重置完全价值 8 000 元，七成新。

业务处理过程记录：

1. 编制盘盈待处理的会计分录。

2. 董事会决定，由财务部门按《企业会计准则》的规定进行处理。

子项目 3　固定资产折旧

理论题

一、判断题

1. 固定资产折旧是指在固定的使用寿命内，按照确定的方法对固定资产的实际成本进行系统的分摊。（　　）
2. 固定资产无论是否计提了减值准备，都应根据原值计提折旧。（　　）
3. 所谓直线法，就是按固定资产使用年限平均计算折旧的方法。（　　）
4. 采用年数总和法提取折旧，每年折旧率都是一样的。（　　）
5. 按规定单独估价作为固定资产入账的土地不提取折旧。（　　）

二、单项选择题

1. 当月应计提折旧的固定资产是(　　)的固定资产。

A. 当月增加　　B. 当月减少
C. 已提足折旧当月还在使用　　D. 使用年限未到但上月已报废

2. 净残值率=(　　)。

A. 预计残值收入÷固定资产原值
B. 预计清理费用÷固定资产原值
C. (预计残值收入+预计清理费用)÷固定资产原值
D. (预计残值收入-预计清理费用)÷固定资产原值

3. 固定资产采用加速折旧法，符合会计信息质量要求中的(　　)要求。

A. 可靠性　　B. 实质重于形式　　C. 谨慎性　　D. 重要性

三、多项选择题

1. 不计提折旧的固定资产有(　　)。

A. 停用的房屋、建筑物　　B. 以经营租赁方式租入的固定资产
C. 以融资租赁方式租入的固定资产　　D. 停用的机器、设备

2. (　　)应归类于快速折旧法。

A. 平均年限法　　B. 工作量法　　C. 年数总和法　　D. 双倍余额递减法

3. 采用双倍余额递减法提取折旧，下列表述正确的有(　　)。

A. 双倍余额递减法不考虑固定资产净残值

B. 最后两年应改用平均法，应考虑固定资产净残值

C. 双倍余额递减法提取折旧，前面提得较少，后面提得较多

D. 双倍余额递减法提取折旧，前面提得较多，后面提得较少

业务题

业务一：

2025 年 2 月 8 日，万江股份有限公司购入一台设备，实际成本 240 000 元，预计使用寿命为 5 年，预计残值 20 000 元，预计清理费用 5 000 元。请采用平均年限法提取该项固定资产的年折旧额和月折旧额。

业务处理过程记录：

业务二：

接业务一，如果该设备在预计使用寿命内可工作 30 000 小时，2025 年，该设备总共工作了 5 760 小时。请采用工作量法计算该项固定资产 2025 年的年折旧额。

业务处理过程记录：

业务三：

接业务一，如果公司考虑到技术进步因素，决定对该设备采用年数总和法提取折旧，请计算其每年的折旧率以及应提取的折旧额。

业务处理过程记录：

第一年：

折旧率 =

折旧额 =

第二年：

折旧率 =

折旧额 =

第三年：

折旧率 =

折旧额 =

第四年：

折旧率=

折旧额=

第五年：

折旧率=

折旧额=

业务四：

接业务一，如果公司考虑到技术进步因素，决定对该设备采用双倍余额递减法提取折旧，请计算其每年的折旧率及应提折旧额。

业务处理过程记录：

折旧率=

第一年应提折旧额=

第二年应提折旧额=

第三年应提折旧额=

第四年、第五年应提折旧额=

子项目 4　固定资产后续支出

理论题

一、判断题

1. 固定资产后续支出是指固定资产投入使用后，对其进行维护、改扩建、改良所发生的各项支出。（　）

2. 资本化就是指将符合条件的支出计入当期损益，而不是资产的成本。（　）

二、单项选择题

1. 固定资产的后续支出有可能使流入企业的经济利益超过原先预计，应(　　)。

A. 将支出给予资本化处理　　B. 将支出给予费用化处理

C. 将支出计入营业外支出　　D. 将可能流入的利益计入营业外收入

2. 改良扩建后固定资产的入账价值，等于改良或扩建前固定资产的(　　)。

A. 原值加上改扩建发生的支出

B. 净值加上改扩建发生的支出

C. 原值加上改扩建发生的支出减去改扩建中的变价收入

D. 净值加上改扩建发生的支出减去改扩建中的变价收入

三、多项选择题

1. (　　)，应给予费用化处理。
A. 固定资产小修理的各项支出
B. 固定资产中修理的各项支出
C. 固定资产大修理的各项支出，且满足资本化确认条件
D. 固定资产大修理的各项支出，且不满足资本化确认条件
2. 下列表述正确的有(　　)。
A. 固定资产修理期间(含大中小修理)应提折旧
B. 固定资产修理期间(含大中小修理)不提折旧
C. 固定资产改良或改扩建期间应提折旧
D. 固定资产改良或改扩建期间不提折旧

业务题

业务一：

海丝股份有限公司拥有海产品批发商场一座，原值300万元，预计使用50年，现已满30年，已提折旧180万元。由于扩大经营的需要，决定对其进行改造，以提高使用面积。商场停止使用，转入在建，请进行相应的账务处理。

业务处理过程记录：

业务二：

接业务一，经财务部门审核，改扩建过程总共支出800 000元，全部通过银行转账付讫，请进行相应的账务处理。

业务处理过程记录：

业务三：

接业务二，改扩建过程全部完工，经有关部门验收合格并交付使用，请进行相应的账务处理。

业务处理过程记录：

业务四：

接业务三，改扩建后，提高了使用面积，并使商场的使用寿命延长了 20 年。如果不考虑建设时间，请计算改扩建后的折旧年限。

业务处理过程记录：

子项目 5　固定资产处置

理论题

一、判断题

1. 固定资产预期通过使用或处置不能产生经济利益的，应当终止确认。（　）
2. 固定资产对外投资应视同销售，计算并提取增值税销项税额。（　）
3. 毁损包括固定资产因自然灾害或责任事故造成的损坏以及正常报废。（　）
4. 固定资产提前报废的，应将购入时的进项税额全部转出。（　）

二、单项选择题

1. 会计上应通过(　　)账户核算固定资产处置的相关业务。

A. 固定资产减值准备　　B. 固定资产清理

C. 以前年度损益调整　　D. 待处理财产损溢—待处理固定资产损溢

2. 改扩建后固定资产的入账价值，等于改扩建前固定资产的(　　)。

A. 原值加上改扩建发生的支出

B. 净值加上改扩建发生的支出

C. 原值加上改扩建发生的支出减去改扩建中的变价收入

D. 净值加上改扩建发生的支出减去改扩建中的变价收入

3. 固定资产(　　)应转入“资产处置损益”账户。

A. 报废形成的净亏损　　B. 毁损形成的净亏损

C. 对外捐赠　　D. 对外投资

4. 固定资产对外投资视同销售，应计提增值税销项税额，借记(　　)。

A. 应交税费　　B. 税金及附加　　C. 固定资产清理　　D. 营业外支出

三、多项选择题

1. 固定资产应当终止确认的情形有(　　)。

A. 企业已准备或正在将某项固定资产出售、对外投资、对外捐赠
B. 企业已准备或正在将某项固定资产用于非货币交换、债务重组
C. 企业达到报废条件需要报废的固定资产
D. 企业被灾害损毁的固定资产

2. 下列表述正确的有(　　)。
A. 固定资产修理期间(含大中小修理)应提折旧
B. 固定资产修理期间(含大中小修理)不提折旧
C. 固定资产改良或改扩建期间应提折旧
D. 固定资产改良或改扩建期间不提折旧

3. 固定资产(　　)时，已抵扣的进项税额不用转出。
A. 正常报废　　B. 因重大自然灾害造成的报废
C. 提前报废　　D. 因管理不善造成的毁损、被盗

4. (　　)应征收的增值税按3%征收率减按2%征收。
A. 小规模纳税人销售已使用过的固定资产
B. 一般纳税人销售2009年以前购入的固定资产
C. 一般纳税人销售2009年以后购入但进项税额未抵扣的固定资产
D. 一般纳税人销售2009年以后购入但进项税额已抵扣的固定资产

业务题

业务一：

晋工机械股份有限公司2025年12月10日将不需要使用的一套设备对外出售，该设备原值2 000 000元，已提折旧1 600 000元，该设备现已停止使用，转入清理，请进行相应的账务处理。

业务处理过程记录：

业务二：

接业务一，晋工机械股份有限公司转账支付清理费用20 000元，增值税1 200元，请进行相应的账务处理。

业务处理过程记录：

业务三：

接业务一和业务二，转账收到该设备含税销售款(增值税的税率3% 减按2%征收)169 950元，请进行相应的账务处理。

业务处理过程记录：

计算：

增值税销项税额=

不含税销售价=

会计分录：

业务四：

根据业务一~业务三，计算结转固定资产销售净损益，请进行相应的账务处理。

业务处理过程记录：

子项目6　固定资产减值和清查

理论题

一、判断题

1. 一个管理规范的企业，固定资产盘亏或盘盈都很少发生。 (　　)

2. 固定资产减值损失一经确认，在以后的会计期间不得转回。 (　　)

3. 固定资产减值损失确定后，其折旧额应作相应的调整，以使固定资产在剩余的使用寿命内，系统地分摊调整后的固定资产价值。 (　　)

二、单项选择题

1. 会计上应通过(　　)账户核算固定资产盘亏的相关业务。

A. 固定资产减值准备　　B. 固定资产清理

C. 资产处置损益　　D. 待处理财产损溢—待处理固定资产损溢

2. 计提固定资产减值准备，应当借记(　　)。

A. 固定资产减值准备　　B. 固定资产清理

C. 资产减值损失　　D. 管理费用

三、多项选择题

1. 企业期末发现固定资产(　　)时，应计提减值准备。
A. 市价跌幅远高于因时间推移或正常使用而预计的下跌，且在近期内不可能恢复
B. 同期市场利率大幅提高，导致固定资产可回收金额大幅降低
C. 陈旧过时或者实体已损坏
D. 出现由其他原因导致的减值情形
2. 下列表述正确的有(　　)。
A. 小企业平时不需要对固定资产提取减值准备
B. 小企业平时也需要对固定资产提取减值准备
C. 小企业固定资产减值损失实际发生时应计入“营业外支出”
D. 小企业固定资产减值损失实际发生时应计入“资产减值损失”

业务题

业务一：

晋工机械股份有限公司在 2025 年 12 月 28 日财产清查中，盘亏小型机械一套，该设备原值(购买时增值税进项税额 13 000 元，已经全部抵扣)为 100 000 元，已经提取折旧 80 000 元，现等待处理中，请编制处理前的会计分录。

业务处理过程记录：

业务二：

接业务一，经董事会研究决定，盘亏设备，由设备使用管理者方某某赔偿 5%，其余按《企业会计准则》的规定处理，请编制处理后的会计分录。

业务处理过程记录：

项目八 无形资产和其他资产

子项目1 无 形 资 产

理论题

一、判断题

1. 无形资产是企业拥有或控制的没有实物形态的可辨认的非货币性资产。（ ）
2. 投资者投入的无形资产，必须按照投资合同或协议约定的价值入账。（ ）
3. 无形资产能在较长时间内给企业带来经济利益，但获利能力不能准确认定。（ ）
4. 使用寿命不确定的无形资产不应摊销，但应在每年年末进行减值测试。（ ）
5. 无形资产因为没有实物形态，是不可以单独取得和处置的资产。（ ）
6. 小企业对无形资产进行摊销时，一般不考虑净残值。（ ）
7. 无形资产应自取得当月起进行摊销，但需摊销的仅是使用寿命有限的那部分。（ ）
8. 无形资产可以采用直线法进行摊销，也可以采用年数总和法进行摊销。（ ）
9. 小企业不对无形资产计提减值准备。（ ）
10. 特许经营权，又称特许权或特许组合权。指为了实现一定商业目的，由特许人拥有并授予受许人使用的具有市场竞争力的商业要素的组合。（ ）

二、单项选择题

1. 企业持有无形资产的目的是（ ）。

A. 出售　B. 使用　C. 提升企业档次　D. 获得超额利润

2. 无形资产属于（ ）。

A. 货币性的长期资产　B. 货币性的流动资产

C. 非货币性的流动资产　D. 非货币性的长期资产

3.（ ）的无形资产，应以公允价值为其入账价值。

A. 购入　B. 接受捐赠

C. 自行研发并依法确认　D. 通过债务重组方式获取

4. 小企业不能可靠估计无形资产使用寿命的，在（ ）的期限进行摊销。

A. 不超过5年　B. 不超过10年　C. 不超过15年　D. 不超过20年

5. 企业无形资产应摊销的金额是（ ）。

A. 成本　　　　　　　　　　　　B. 成本扣除预计残值

C. 成本扣除已提取减值准备　　　D. 成本扣除预计残值和已提取减值准备

6. 出售无形资产的净损益，应当计入(　　)账户。

A. 资产处置收益　B. 营业外收入　C. 营业外支出　D. 其他业务收入

7. 企业对出租无形资产进行摊销时，应当借记(　　)账户。

A. 资产处置收益　B. 管理费用　C. 其他业务成本　D. 营业外支出

8. 支付与出租无形资产有关的费用，应当借记(　　)账户。

A. 无形资产　B. 管理费用　C. 其他业务成本　D. 营业外支出

9. 无形资产中的(　　)不受法律保护。

A. 专利权　B. 非专利技术　C. 特许经营权　D. 著作权

10. 自行研发并依法确认的无形资产，研究阶段的支出，在其发生时(　　)。

A. 确认为费用　　　　　　　　　B. 直接计入无形资产

C. 不具备资本化条件的计入当期损益　D. 计入营业外支出

三、多项选择题

1. 企业无形资产包括(　　)。

A. 非专利技术　B. 商标和商誉　C. 土地使用权　D. 特许经营权

2. 企业要将一项资产确认为无形资产，该资产既要符合无形资产的定义，又必须同时满足(　　)条件。

A. 与该资产有关的经济利益很可能流入企业

B. 与该资产有关的经济利益确定百分百流入企业

C. 该资产的成本能够可靠地计量

D. 该资产未来流入企业的经济利益能够可靠地计量

3. 商标权是商标注册人对其注册商标的专用权，包括(　　)商标权。

A. 文字　B. 图形　C. 记号　D. 组合

4. 企业计提无形资产减值准备，应当(　　)。

A. 借记“资产减值损失—提取无形资产减值准备”

B. 借记“管理费用—提取无形资产减值准备”

C. 贷记“无形资产”

D. 贷记“无形资产减值准备”

5. 年度终了，企业的某项无形资产发生(　　)的情形，导致其账面价值高于其可回收金额的，应当计提无形资产减值准备。

A. 某项无形资产已经被新技术取代，为企业创造经济利益的能力大幅下降

B. 某项无形资产已经超过法律保护期限，还保有部分使用价值

C. 某项无形资产市价在当期大幅下跌，但预估在剩余摊销期内会完全恢复

D. 某项无形资产已被证明发生了大幅减值

业务题

业务一：

五彩印染厂研发废水回收利用技术，2021 年 8 月 1 日至 12 月 31 日为研究阶段，期间共领用原材料 30 000 元，提取研究人员薪酬 150 000 元，转账支付其他研究费用 70 000 元。请进行相应的账务处理。

业务处理过程记录：

1. 2021 年发生的各项研发支出，根据审核无误的原始凭证(略)编制记账凭证。

2. 2021 年 12 月 31 日，经确认当年发生的各项研发支出均属研究阶段支出。

业务二：

接业务一，2022 年废水回收利用技术进入研发阶段，发生各项支出 480 000 元，均符合资本化条件，其中：提取研发人员薪酬 290 000 元，转账支付其他各项费用 190 000 元。2022 年年底，研发活动结束，研发成功并申请一项专利技术，请进行相应的账务处理。

业务处理过程记录：

1. 2022 年发生的各项研发支出，根据审核无误的原始凭证编制记账凭证。

2. 2022 年 12 月 31 日，废水回收利用技术研发完成并确认为企业的无形资产。

业务三：

接业务一和业务二，2023 年 1 月 1 日起，五彩印染厂对废水回收利用技术进行累计摊销，经评估，该项技术可使用五年，无净残值。

业务处理过程记录：

计算：

(1) 五彩印染厂废水回收利用技术的年累计摊销额 = 480 000 ÷ 5 = 96 000(元)

（2）五彩印染厂废水回收利用技术的月累计摊销额＝96 000÷12＝ 8 000（元）

账务处理：

业务四：

接业务一～业务三，2024 年 1 月 1 日，五彩印染厂向美美家纺公司转让废水回收利用技术，获得含税（税率 6%）收入 318 000 元。美美家纺公司邀请五彩印染厂的技术顾问到公司指导废水回收利用技术的运用，时间 1 个月，薪酬 20 000 元由五彩印染厂转账支付。2 个月后转让过程全部结束，请根据相关单据编制会计分录。（废水回收利用技术已经提了二年的摊销额和 88 000 元的无形资产减值准备）。

业务处理过程记录：

编制五彩印染厂处置废水回收利用技术的会计分录。

业务五：

接业务一～业务四，2025 年 12 月 31 日，因为新技术的出现，美美家纺公司报废某项非专利技术，该项非专利技术原购入成本为 500 万元，已摊销 320 万元，已提取无形资产减值准备 100 万元。

在报废过程中转账支付有关费用 3 600 元。

业务处理过程记录：

编制美美家纺公司报废某项非专利技术的会计分录。

子项目 2　持有待售资产

理论题

一、判断题

1. 持有待售资产是指企业准备在一年内出售的流动资产或资产组。　（　　）

2. 持有待售资产应在资产负债表中单独列示。　（　　）

3. 当长期资产不再通过使用来收回其价值，而是准备通过出售来实现其价值时，应将其重分类为持有待售资产。　（　　）

4. 对已分类为持有待售资产的固定资产、无形资产也应计提折旧或摊销。（　　）

5. 专为转售而取得的持有待售资产，在初始计量时计入资产减值损失的金额，即使以后公允价值上升了，也不得转回。（　　）

二、单项选择题

1. 企业资产被划分为持有待售资产需要满足特定的条件，包括出售价格合理，这里的出售价格合理是指企业预计出售持有待售资产的价格能够覆盖(　　)。

A. 购买价　　B. 相关成本，包括出售费用

C. 相关成本，包括出售费用和减值损失　　D. 相关成本并有一定的利润

2.《企业会计准则》规定，持有待售资产应当以(　　)计量。

A. 公允价值减去出售费用后的净额　　B. 账面价值

C. 公允价值减去出售费用后的净额孰高　　D. 公允价值减去出售费用后的净额孰低

3. 持有待售资产持有期间，发生减值的，应计提减值准备，提取了减值准备后，价值又回升的(　　)。

A. 不得转回　　B. 将回升价值全数转回

C. 在原减值范围内转回　　D. 计入营业外收入

4. 持有待售资产为长期股权投资的，支付销售费用或中介服务费，应借记(　　)。

A. 资产处置损益　　B. 投资收益　　C. 销售费用　　D. 财务费用

5. 持有待售资产为无形资产的，收到转让价款编制会计分录时，(　　)科目可能记在借方也可能记在贷方。

A. 资产处置损益　　B. 投资收益

C. 持有待售资产累计摊销　　D. 持有待售资产减值准备

三、多项选择题

1. 企业资产被划分为持有待售资产需要满足的条件包括(　　)。

A. 管理层决策：管理层明确决定将该资产出售，并且决策是公开的

B. 单独识别：资产能够从企业的其他资产中分离出来，单独识别和确认

C. 已满足所有出售条件：资产已完成出售必需的所有批准以及准备工作

D. 短期内出售而且出售价格合理

2. 为转售而取得的非流动资产，(　　)企业应在取得日将其划分为持有待售资产。

A. 在取得日满足“预计出售将在一年内完成”的规定条件

B. 在取得日满足“预计出售将在 6 个月内完成”的规定条件

C. 且短期(一般为 3 个月)内很可能满足持有待售类别的其他条件

D. 且短期(一般为 6 个月)内很可能满足持有待售类别的其他条件

3. 持有待售资产为固定资产的，收到转让价款时应当贷记(　　)。

A. 持有待售资产减值准备　　B. 资产处置损益

C. 持有待售资产　　D. 应交税费—应交增值税(销项税额)

业务题

业务一：

2024 年 5 月 1 日，丙公司因转型停止使用一项专利技术，该专利技术当前状态下可立即出售。公司管理层做出决议，将该专利技术重分类为持有待售资产，并争取在一年内出售。次日，通过中介公司，联系到有意购买该专利技术的丁公司，双方计划在 2024 年 5 月 30 日之前签署专利技术转让合同。

该专利技术原购入成本 2 000 万元，累计摊销 800 万元，计提减值准备 500 万元。

业务处理过程记录：

对其重分类为持有待售资产的账务处理。

业务二：

承业务一，2024 年 5 月 30 日签订转让合同，2024 年 6 月 30 日完成转让。同时，价税款总计 636 万元(含税，税率为 6%)全部到账。

业务处理过程记录：

持有待售资产完成转让的账务处理。

业务三：

承业务二，转账支付中介机构的服务费 63 600 元(含税，税率为 6%)。

业务处理过程记录：

支付中介机构服务费的账务处理。

子项目 3　使用权资产

理论题

一、判断题

1.《企业会计准则第 21 号——租赁》取消了承租人对融资租赁和经营租赁的分类，要求对所有租赁确认使用权资产和租赁负债。 (　　)

2. 使用权资产是指承租人可在租赁期内使用租赁资产的权利。（　　）

3. 使用权资产减值准备计提以后价值回升的，应在原计提范围内给予转回。（　　）

4. 企业对使用权资产的更新和使用情况应定期出具报告，评估使用权资产的利用率和使用效率。（　　）

5. 现值也称折现值，会计中的现值是指对未来的现金流量以恰当的折现率折现后的价值，是考虑货币时间价值因素等的一种计量属性。（　　）

二、单项选择题

1. 使用权资产的核算范围为（　　）取得的使用权资产，包括经营租赁取得的使用权资产和融资租赁取得的使用权资产。

A. 所有长期租赁（租期超过一年）业务

B. 所有短期租赁[租期在一年以内（含一年）]业务

C. 所有低价值租赁业务

D. 所有高价值租赁业务

2. 不通过“使用权资产”科目进行会计核算的有（　　）。

A. 融资租入固定资产使用权　　B. 租入的非专利技术使用权

C. 经营租入固定资产使用权　　D. 依法取得的土地使用权

3. 低价值资产租赁的判定受（　　）的影响。

A. 承租人的性质、规模　　B. 出租人的性质、规模

C. 资产的绝对价值　　D. 承租人及出租人的其他情况

4. 处置使用权资产发生的净损益，应转入（　　）账户。

A. 投资收益　　B. 资产处置损益　　C. 财务费用　　D. 营业外收支

5. 因取得使用权资产而产生的各期利息费用=（　　）×折现率（或借款利率）。

A. 使用权资产成本　　B. 租赁负债年末金额

C. 租赁负债年初金额　　D. 租赁负债的初始计量金额

三、多项选择题

1. 资产租赁是指由资产所有者与承租者订立契约，在一定时期内对资产的（　　）实行有偿出租和承租者自主经营的一种经营方式。

A. 使用权　　B. 占有权　　C. 所有权　　D. 处置权

2. 租赁外国设备，可能存在政治风险和（　　）。

A. 政策风险　　B. 汇率风险　　C. 法律风险　　D. 技术风险

3. 使用权资产的成本包括（　　）。

A. 租赁负债的初始计量金额

B. 在租赁开始日或之前支付的租赁款项—租赁奖励金额

C. 承租人发生的初始直接费用

D. 拆卸及移除租赁资产、复原租赁资产预计将发生的成本现值

4. 低价值资产是指单项租赁资产为全新资产时价值较低的租赁，如(　　)。

A. 单价不超过 1 万元的笔记本电脑

B. 单价不超过 5 千元的台式电脑

C. 单价不超过 1 万元的普通办公家具

D. 单价不超过 5 万元的普通办公家具

5. 租入固定资产折旧，承租人在租赁期满确定(　　)为计提折旧期限。

A. 能够取得租赁资产所有权的，应以租赁资产剩余使用寿命

B. 能够取得租赁资产所有权的，应以租赁期

C. 不能取得租赁资产所有权的，应以租赁期和租赁资产剩余使用寿命期的短者

D. 不能取得租赁资产所有权的，应以租赁期和租赁资产剩余使用寿命期的长者

业务题

业务一：

2024 年 1 月 1 日，一般纳税人天晴服饰股份有限公司向一般纳税人盛世科创公司租入一项专利技术，约定不可撤销的租赁期 3 年，不含税年租赁付款额为 50 000 元(每年年初支付)。不考虑税费等相关因素，请确定天晴服饰股份有限公司租赁负债的初始计量金额，并进行相应的账务处理。

业务处理过程记录：

已知：天晴服饰股份有限公司确定租赁内含税，利率为 5%。(P/A，5%，2)= 1.8594

1. 天晴服饰股份有限公司租赁负债的初始计量金额：

(1) 租赁付款额=

(2) 租赁付款额的现值=

(3) 未确认融资费用=

2. 账务处理。

业务二：

承业务一：

1. 天晴服饰股份有限公司向促成此项租赁业务的中介公司转账支付 20 000 元的佣金以及 1 200 元的增值税。

2. 盛世科创公司奖励天晴服饰股份有限公司 6 010 元，以减轻公司的佣金负担。

请进行相应的账务处理，并根据业务一和业务二的数据，计算使用权资产的成本。

业务处理过程记录：

1. 支付佣金=

2. 收到奖励金额=

天晴服饰股份有限公司使用权资产的成本=

业务三：

承业务一：天晴服饰股份有限公司于 2024 年 1 月 1 日、2025 年 1 月 1 日、2026 年 1 月 1 日，分别支付租金（含税，税率 6%）53 000 元，并在支付租金的同时分摊未确认融资费用。请进行相应的账务处理。

业务处理过程记录：

1. 2024 年 1 月 1 日支付租金的会计分录。

第一年 1 月 1 日支付租金，没有利息费用。

2. 2025 年 1 月 1 日支付租金的会计分录。

同时计算利息费用，分摊未确认融资费用。

利息=

3. 2026 年 1 月 1 日支付租金的会计分录。

同时计算利息费用，分摊未确认融资费用。

利息：

算法 1=(92 970−50 000+4 648.50)×5%=2 380.93（元）

算法 2=7 030.00−4 648.50=2 381.50（元）

由于这是最后一年，考虑到四舍五入的影响，应采用算法 2 得出的数据。

业务四：

承业务二，天晴服饰股份有限公司“使用权资产—专利权”成本为 156 960 元，净残值为 0，租赁期 3 年，到期不再续租，专利权有效年限为 10 年。请计算每月摊销额并编制会计分录。

业务处理过程记录：

每月摊销额 = 156 960 ÷ 3 ÷ 12 = 4 360（元）

编制会计分录。

业务五：

承业务一～业务四，天晴服饰股份有限公司“使用权资产—专利权”租赁期满，到期不再续租，专利权撤出本公司，已办完所有交接手续。完成交接手续日，公司使用权资产原值为 156 960 元，使用权资产累计摊销为 156 960 元，租赁负债余额为零，企业没有计提使用权资产减值准备。

请进行相应的账务处理。

业务处理过程记录：

编制会计分录。

子项目 4　其他非流动资产

理论题

一、判断题

1. 其他非流动资产是企业除资产负债表上所列非流动资产项目以外的其他周转期超过一年的长期资产。（　　）

2. 一般情况下，其他非流动资产在企业资产中占比较高。（　　）

3. 企业收购一家公司，无论是有限责任公司还是股份有限公司，均应通过“其他非流

动资产”科目进行核算。 (　　)

4. 长期待摊费用是指企业已经支出，应由本期和以后各期负担的，摊销期在一年以上(不含一年)的各项费用。 (　　)

5. 企业应由本期负担的借款利息、租金、已纳税金也应作为长期待摊费用。 (　　)

二、单项选择题

1. 某一般纳税人收购一家合伙企业，应通过(　　)科目进行会计核算。

A. 长期股权投资　B. 长期投资　C. 其他非流动资产　D. 固定资产

2. 企业销售商品时，客户扣押质量保证金，若在一年以内可退回，应通过(　　)科目进行会计核算。

A. 其他流动资产　B. 合同资产　C. 其他非流动资产　D. 其他应收款

3. 小企业筹建期间发生的开办费，发生时直接记入(　　)账户。

A. 管理费用　B. 财务费用　C. 资本公积　D. 长期待摊费用

三、多项选择题

1. 其他非流动资产包括(　　)。

A. 对合伙企业的投资　B. 超过一年的质量保证金

C. 不能完全确认的长期资产　D. 超过一年的其他流动资产

2. 企业的长期待摊费用主要包括(　　)。

A. 开办费　B. 租入固定资产改良支出

C. 固定资产大修理支出　D. 股票发行费用

3. 开办费是企业筹建期间发生的费用，包括筹建期间人员工资、办公费、培训费、差旅费、印刷费、注册登记费以及(　　)。

A. 不计入固定资产和无形资产购建成本的汇兑损益

B. 不计入固定资产和无形资产购建成本的利息支出

C. 计入固定资产和无形资产购建成本的汇兑损益

D. 计入固定资产和无形资产购建成本的利息支出

业务题

业务一：

2024 年 5 月 12 日，海而电器厂向某商城销售一批彩色电视机，含税价 110 740 元，增值税税率 13%，按合同规定冰箱质保三年，并按价款的 6% 支付质量保证金。海而电器厂收到某商城扣完质量保证金后的价税款 104 860 元。请进行相应的账务处理。

业务处理过程记录：

1. 不含税销售额 =

2. 增值税销项税额 =

3. 其他非流动资产=

账务处理：

业务二：

2024 年 5 月 1 日至 12 月 31 日，甲乙两投资人筹建一家新公司，该公司命名为兴佳丝带股份有限公司。筹建期间，发生下列业务，请以兴佳丝带股份有限公司会计的身份进行账务处理。

业务处理过程记录：

1. 甲投资人投入资金 240 万元已存入银行(原始凭证略)，根据合同规定可持有兴佳丝带股份有限公司 200 万元(占总股本的 20%)的资本。

2. 购买生产用设备价值 50 万元，增值税 6.5 万元，款项转账付讫，设备已验收完毕。

3. 筹建期间发生差旅费用 35 000 元(原始凭证略)，已转账付讫。

4. 筹建期间提取员工工资 125 000 元(原始凭证略)。

5. 筹建期间转账支付水电费 30 000 元(原始凭证略)，增值税 3 900 元。

6. 筹建期间，办理各类证件，花费 3 000 元，以库存现金付讫。

7. 筹建期间，转账购买一项非专利技术，价值为 215 000 元，增值税 12 900 元。

8. 筹建期间，以库存现金支付少量业务招待费 1 000 元，增值税 60 元。

9. 2025 年 1 月 1 日，开始正式生产，请摊销该企业筹建期发生的开办费。

项目九 流动负债

子项目1 短 期 借 款

理论题

一、判断题

1. 流动负债是指企业在一年或超过一年的一个营业周期内必须偿还的债务。（　　）

2. 当流动负债产生时，一般按未来应付金额或面值的现值计量流动负债。（　　）

3. 企业应设置“短期借款”账户，核算各种借款的取得与归还，并按债权人设置相应的明细账，进行明细核算。（　　）

4. 实际工作中，银行一般于月末收取当月的短期借款利息。（　　）

5. 企业归还短期借款利息，一律借记“应付利息”账户。（　　）

二、单项选择题

1. 短期借款是企业为了满足（　　）而向银行或其他金融机构借入的期限在一年以内（包含一年）的各种款项。

A. 正常生产经营需要　　B. 生产设备更新改造需要

C. 厂房建设需要　　D. 研发新技术需要

2. 下列属于流动负债的有（　　）。

A. 预付账款　　B. 短期借款　　C. 应付债券　　D. 长期应付款

3. 短期借款利息如果数额较少，（　　）。

A. 应当按月预提，按季支付

B. 可以不按月预提，在季末支付时直接计入“财务费用”账户

C. 应当按月支付，待季末结账时一并计入“财务费用”账户

D. 应当按月预提，按月支付

4. 下列业务，不应计入“财务费用”的是（　　）。

A. 短期借款利息　　B. 汇兑损益　　C. 财务人员薪酬　　D. 金融机构手续费

三、多项选择题

1. 流动负债具有（　　）等特点。

A. 偿还期短　　B. 偿还额小　　C. 偿还形式单一　　D. 偿还形式多样化

2. 企业应设置(　　)等账户，核算短期借款利息的提取与支付。

A. 短期借款　　B. 财务费用　　C. 应付利息　　D. 银行存款

业务题

业务一：

2024 年 6 月 30 日，福建九星有限责任公司从工商银行晋江支行借入一笔款项，期限、本金、利率如图 9-1 所示。借款合同规定每季的季末付息，期满一次还本。

中国工商银行（流动资金贷款）借款凭证（回单） ③

编号　　日期贰零贰肆年陆月零叁拾日　　银行编号 161885

收款单位	全　称	福建九星有限责任公司	借款单位	全　称	福建九星有限责任公司	
	账　号	5263086358		放款账号	601323079	
	开户银行	中国工商银行晋江支行		开户银行	中国工商银行晋江支行	
借款期限（最后还款日）		2025.6.30	利率	5%	起息日期	2024.6.30

			千	百	十	万	千	百	十	元	角	分
借款申请额	人民币（大写）	壹佰捌拾万元整	¥	1	8	0	0	0	0	0	0	0
借款原因及用途	流动周转资金	银行核定金额	¥	1	8	0	0	0	0	0	0	0

备注：	期　限	计划还款日期	计划还款金额
	12 个月	2024.6.30	¥1 800 000.00

上述借款业已核准发放并转入你单位账户，借款到期应按期归还。　　此致

借款单位：福建九星有限责任公司

中国工商银行福建省分行 晋江支行 2024.6.30 转讫

（银行盖章）2024 年 6 月 30 日

此联系核定放款回单代借款单位往来户收款通知

图 9-1　借款凭证(回单)

业务处理过程记录：

1. 根据银行(流动资金贷款)借款凭证(回单)等原始凭证编制记账凭证。

2. 按月计算短期借款利息，并编制提取利息的记账凭证。

每月应提短期借款利息＝

每月编制提取利息的记账凭证。

3. 每季支付利息，编制相应的记账凭证(以会计分录代替)。

4. 一年期满还本以及归还最后一个季度的利息，请编制相应的记账凭证(以会计分录代替)。

子项目2　应付账款

理论题

一、判断题

1. 应付账款是企业因采购存货或接受劳务而产生的应付未付款项。（　）
2. 应付账款属于应付金额肯定的流动负债。（　）
3. 应付账款的入账时间为存货所有权发生转移的时间或者企业接受劳务的时间。（　）
4. 应付账款期末余额肯定在贷方。（　）

二、单项选择题

1. 应付账款期末余额如果在贷方，表示(　　)。

A. 曾经发生的债务金额　B. 已经偿还的债务金额

C. 尚未偿还的债务金额　D. 无须偿还的债务金额

2. 企业向客户收取出租包装物的押金，应(　　)。

A. 借记应付账款　B. 贷记应付账款　C. 借记其他应付款　D. 贷记其他应付款

三、多项选择题

1. 下列表述正确的有(　　)。

A. 应付账款借方登记因采购存货或接受劳务而形成的短期应付债务

B. 应付账款贷方登记因采购存货或接受劳务而形成的短期应付债务

C. 应付账款借方登记用银行存款、商业汇票等偿还的债务金额

D. 应付账款贷方登记用银行存款、商业汇票等偿还的债务金额

2. 其他应付款是指企业除应付账款、应付票据、应付职工薪酬、应交税费、预收账款、合同负债、应付股利、应付利息等以外的其他各项(　　)款项。

A. 应付　　B. 应收　　C. 暂付　　D. 暂收

业务题

业务一：

2024 年 6 月 30 日，增值税一般纳税人五星有限责任公司向东方商场销售甲产品 100 件，每件含税销售价为 226 元，同时以现金代垫运费 200 元、代垫增值税(普通发票)18 元，有关款项尚未收到，请根据审核无误的原始凭证编制记账凭证。

业务处理过程记录：

业务二：

2024 年 7 月 3 日，增值税一般纳税人五星有限责任公司收到东方商场开具的一张商业承汇兑票，用以抵付 6 月 30 日采购甲商品的有关款项，请根据审核无误的原始凭证编制记账凭证。

业务处理过程记录：

子项目 3　应付票据

理论题

一、判断题

1. 企业签发、承兑商业汇票后，在“应付票据”总分类账和明细分类账上登记反映就可以了，不必在“应付票据备查账簿”上登记。　(　　)

2. 应付票据属于应付金额肯定的流动负债。　　　　　　　　　　　　　　　　（　　）

二、单项选择题

1. 应付票据是企业因购买存货、接受劳务等需要而签发、承兑(　　)所形成的债务。
A. 转账支票　　B. 商业汇票　　C. 银行本票　　D. 银行汇票
2. 企业开出带息票据，按月提取票面利息时，应当借记(　　)科目。
A. 财务费用　　B. 应付利息　　C. 应付票据　　D. 应收利息

三、多项选择题

1. 应在“应付票据备查簿”上登记的项目有票面金额及(　　)等。
A. 交易合同号码　　B. 票面利率　　C. 承兑单位　　D. 收款单位
2. 带息银行承兑汇票到期，无力还款，编制结转汇票金额时，应借记(　　)。
A. 应付票据(面值+已提利息)　　B. 财务费用(未提取的票据利息)
C. 应付利息(已提取的票面利息)　　D. 短期借款

业务题

2024 年 5 月 15 日，福马集团开出一张面值 120 000 元、期限 6 个月的带息票据一张，票面年利率 6%，向天红公司购进一批多功能面料，增值税专用发票(略)上注明：染料价款 100 000 元，增值税进项税额 13 000 元；普通发票(略)上注明：对方代垫含税(税率 9%)运费 7 000 元。材料已验收入库。

业务处理过程记录：

1. 购买材料，签发、承兑带息的商业汇票的会计分录。

2. 按月提取票面利息。

每月应提取票面利息 =

编制提取票面利息的会计分录。

3. 票据还本付息(利息已预提 5 个月，最后一个月尚未预提)的会计分录。

子项目4 应付职工薪酬

理论题

一、判断题

1. 职工薪酬是指企业为获得职工提供的服务或解除劳动关系而给予的各种形式的报酬或补偿。（ ）

2. 考勤记录是计算计件工资的主要依据。（ ）

3. 辞退福利是指企业在职工劳动合同到期时与职工解除劳动关系，或者为鼓励职工自愿提前解除劳动关系而给予职工的补偿。（ ）

4. 企业每月应按职工工资的14%提取福利费，以维护职工的合法权益。（ ）

5. 职工在当期(指一年内)就享受了短期缺勤带薪，则不必进行账务处理。（ ）

二、单项选择题

1. 在完成合格产品的条件下，定额部分按正常计件单价计算工资，超额部分按照一种或几种在原计件单价基础上递增的计件单价计算工资，属于（ ）工资制。

A. 直接无限计件　B. 累计计件　C. 限额计件　D. 间接无限计件

2. 企业发放职工工资时，代扣由职工个人负担的住房公积金，应当（ ）。

A. 借记其他应收款　B. 贷记应付职工薪酬　C. 借记其他应付款　D. 贷记其他应付款

3. 企业将自有房产无偿提供给员工居住，提取该房产折旧费用时，应借记（ ）。

A. 管理费用　B. 应付职工薪酬—非货币性福利

C. 累计折旧　D. 营业外支出

三、多项选择题

1. 短期职工薪酬包括（ ）。

A. 职工的工资、奖金、津贴、补贴

B. 职工福利费，包括企业向职工提供的生活困难补助、丧葬费等各项福利

C. 解除劳动关系给予的补偿

D. 职工教育经费和工会经费

2. 由单位缴费、职工不缴费的保险有（ ）。

A. 养老保险　B. 工伤保险　C. 生育保险　D. 失业保险

3. 企业向员工无偿发放自产品时，应当贷记（ ）。

A. 其他业务收入　B. 主营业务收入

C. 应付职工薪酬—非货币性福利　D. 应交税费—应交增值税(销项税额)

业务题

业务一：

九星集团 2024 年 10 月 10 日转账(转账凭证略)发放上个月的职工工资，工资结算汇总表见图 9-2。请根据图 9-2 及相关资料进行账务处理。

工资结算汇总表

2024年10月10日

姓名	应付工资总额	代扣款项				实发工资	签名
		社会保险	住房公积金	个人所得税	合计		
江振明	13 000.00	1 300.00	1 040.00	108.00	2 448.00	10 552.00	江振明
黄春	9 300.00	930.00	744.00	21.00	1 695.00	7 605.00	黄春
……	……	……	……	……	……	……	……
陈内秀	5 200.00	520.00	416.00	0	936.00	4 264.00	陈内秀
刘海湾	4 300.00	430.00	344.00	0	774.00	3 526.00	刘海湾
合计	357 000.00	35 700.00	28 560.00	9 315.00	73 575.00	283 425.00	

说明：①…… 表示省略部分员工的工资结算情况；② 2 月 10 日发放的是职工 1 月份的工资

图 9-2　工资结算汇总表

业务处理过程记录：

业务二：

九星集团 2024 年 9 月应付职工工资总额 357 000 元，工资费用分配汇总表显示：A 产品生产工人工资 209 000 元，基本生产车间管理人员工资 26 000 元，辅助生产车间人员工资(为简化核算，辅助生产车间不设“制造费用”科目)38 800 元，销售部门人员工资 25 200 元，企业行政部门人员工资 58 000 元。根据以上资料进行工资分配的账务处理。

业务处理过程记录：

业务三：

九星集团2024年9月为员工提取医疗保险28 560元，其中A产品生产工人的医疗保险16 720元，基本生产车间管理人员的医疗保险2 080元，辅助生产车间员工的医疗保险3 104元，销售部门员工的医疗保险2 016元，行政部门员工的医疗保险4 640元。

九星集团2024年9月为员工提取养老保险57 120元，其中A产品生产工人的养老保险33 440元，基本生产车间管理人员的养老保险4 160元，辅助生产车间员工的养老保险6 208元，销售部门员工的养老保险4 032元，行政部门员工的养老保险9 280元。

九星集团2024年9月为员工提取失业保险7 140元，其中A产品生产工人的失业保险4 180元，基本生产车间管理人员的失业保险520元，辅助生产车间员工的失业保险776元，销售部门员工的失业保险504元，行政部门员工的失业保险1 160元。

九星集团2024年9月为员工提取工伤保险1 785元，其中A产品生产工人的工伤保险1 045元，基本生产车间管理人员的工伤保险130元，辅助生产车间员工的工伤保险194元，销售部门员工的工伤保险126元，行政部门员工的工伤保险290元。

九星集团2024年9月为员工提取生育保险1 785元，其中A产品生产工人的生育保险1 045元，基本生产车间管理人员的生育保险130元，辅助生产车间员工的生育保险194元，销售部门员工的生育保险126元，行政部门员工的生育保险290元。

九星集团2024年9月为员工提取住房公积金28 560元，其中A产品生产工人的住房公积金16 720元，基本生产车间管理人员的住房公积金2 080元，辅助生产车间员工的住房公积金3 104元，销售部门员工的住房公积金2 016元，行政部门员工的住房公积金4 640元。

根据以上资料进行提取五险一金的账务处理。

业务处理过程记录：

业务四：

九星集团2024年9月提取职工教育经费和工会经费分别是28 560元和7 140元，其中A产品生产工人的职工教育经费和工会经费分别是16 720元和4 180元，基本生产车间管理人员的职工教育经费和工会经费分别是2 080元和520元，辅助生产车间员工的职工教育经费和工会经费分别是3 104元和776元，销售部门员工的职工教育经费和工会经费分别是2 016元和504元，行政部门员工的职工教育经费和工会经费分别是4 640元和1 160元。

根据以上资料进行提取职工教育经费和工会经费的账务处理。

业务处理过程记录：

业务五：

九星集团2024年10月15日向有关部门转账支付9月份的住房公积金57 120元，其中企业承担28 560元，职工个人承担28 560元。

请编制提取住房公积金的会计分录。

业务处理过程记录：

业务六：

山泰有限责任公司实行累积带薪缺勤制度，每个职工每年可享受5个工作日带薪年休假，未享受的带薪年休假可以递延1年。假设2024年该公司销售部门有一位员工没有享受5个工作日带薪年休假，预计要在第二年全部享受。第二年该员工享受了5个工作日上年结转的带薪年休假。

如果这位员工每个工作日工资为300元，请进行相应的账务处理。

业务处理过程记录：

1. 第一年的年终，将当年未使用的5个工作日带薪年休假结转下年的会计分录。

2. 次年，职工按规定享受上年结转的5个工作日带薪年休假的会计分录。

子项目5　应 交 税 费

理论题

一、判断题

1. 增值税由税务机关征收，进口货物的增值税由海关代征。（　　）
2. 年应税销售额达到500万元的纳税人均为一般纳税人。（　　）
3. 小规模纳税人适用简易计税方法计算缴纳增值税的征收率为6%。（　　）
4. 小规模纳税人的应纳税额=当期增值税销项税额−当期增值税进项税额。（　　）

5. 消费税是对从事生产、委托加工和进口应税消费品的单位和个人所取得的销售收入征收的一种流转税。（ ）

6. 实行从价定率的应税消费品：包装物随同销售的，无论是否单独计价，其价格都应计入消费品销售额中一并征税。（ ）

7. 资源税是国家对我国境内从事原油、天然气、煤炭、金属矿产品和其他非金属矿产品开发以及生产盐的单位和个人征收的一种税。（ ）

8. 土地增值税是国家对我国境内转让国有土地所有权、地上建筑物及附着物(转让房地产)并取得收入的单位和个人征收的一种税。（ ）

9. 城镇土地使用税是以纳税人实际占用的土地价值作为计税依据，按规定的税率计算征收。（ ）

10. 我国的车船税属于地方税，虽然每个地方的车船税不一样，但计算方法却是一样的。（ ）

二、单项选择题

1. 增值税是对销售货物、提供应税劳务、提供应税服务以及进口货物的单位和个人，就其实现的增值额征收的一种(　　)。

A. 财产税　B. 行为税　C. 流转税　D. 所得税

2. 一般纳税人将自产货物用于不动产建设，自产货物成本 100 万元，市场售价 150 万元，增值税税率为 13%，则应贷记“应交税费—应交增值税(销项税额)”(　　)万元。

A. 100　B. 150　C. 13　D. 19.5

3. 固定资产处置及发生非常损失时，其(　　)所包含的进项增值税应当转出。

A. 原值　B. 净值　C. 重置价值　D. 公允价值

4. 月末结转本月未交增值税，应当借记(　　)。

A. 应交税费—未交增值税

B. 应交税费—应交增值税—转出未交增值税

C. 应交税费—应交增值税(未交增值税)

D. 应交税费—待交增值税

5. 进口应税消费品，进口企业报关时缴纳的消费税，应借记(　　)。

A. 库存商品(或固定资产)　B. 税金及附加

C. 应交税费—应交消费税　D. 应交税费—未交消费税

6. 纳税人自产自用消费品，在没有同类消费品销售价可供参考的情况下，则按组成计税价格计算，组成计税价格＝(　　)。

A. 生产成本　B. 利润

C. 生产成本+利润　D. (生产成本+利润)÷(1-消费税税率)

7. 非房地产企业转让土地使用权连同地上建筑物及附着物，计算结转应交土地增值税时，应当借记(　　)。

A. 固定资产清理　B. 资产处置损益

C. 税金及附加　　D. 应交税费—应交土地增值税

8. 房产税从价计征的，其计税依据是(　　)。

A. 房产原值　　B. 房产公允价值　　C. 房产余值　　D. 房产使用面积

三、多项选择题

1. 销售货物、服务、无形资产、不动产，是指(　　)。

A. 有偿转让货物、不动产的所有权　　B. 有偿提供服务

C. 有偿转让无形资产的所有权或者使用权　　D. 有偿转让固定资产的所有权或者使用权

2. 不需通过“应交税费”账户核算的税主要有(　　)。

A. 印花税　　B. 契税　　C. 车辆购置税　　D. 耕地占用税

3. 下列表述正确的是(　　)。

A. 一般纳税人可以开具增值税专用发票，也可以开具增值税普通发票

B. 一般纳税人开具增值税普通发票的，销项税额并入销售收入

C. 一般纳税人取得增值税专用发票的，进项税额可以抵扣

D. 一般纳税人取得增值税普通发票的，进项税额不可以抵扣

4. 消费税纳税环节包括(　　)。

A. 境内生产应税消费品，由生产者于确认销售收入时纳税

B. 自产自用消费品，用于连续生产不纳税；用于其他方面，在移送使用时纳税

C. 委托加工的应税消费品，在委托方向受托方发出加工材料时纳税

D. 进口的消费品，由进口报关者于报关进口时纳税

5. 从价定率征收，应税消费品计税销售额为(　　)。

A. 包含增值税的全部价款　　B. 不含增值税的全部价款

C. 包含一切价外费用　　D. 包含部分价外费用

6. 城市维护建设税、教育费附加，是以单位实际缴纳的(　　)税额为计税(费)依据而征收的一种税(费)。

A. 增值税　　B. 消费税　　C. 资源税　　D. 所得税

7. 环境保护税是对污染环境行为征税的一种税收形式。征税对象包括《中华人民共和国海洋环境保护法》所附《应税污染物和当量值表》规定的(　　)。

A. 大气污染物　　B. 水污染物　　C. 固定废物　　D. 噪声

8. 企业提取(　　)应借记“税金及附加”科目。

A. 城镇土地使用税　　B. 车船税　　C. 环境保护税　　D. 房产税

业务题

业务一：

大江有限责任公司 2024 年 9 月份与增值税有关的经济业务如下，请编制相应的记账凭证，并在图 9-3 上登记该企业 9 月份的“应交税费—应交增值税明细账”。

应交税费—应交增值税

单位：元

日期		凭证（略）	摘要	借方					贷方					借或贷	余额
				合计	进项税额	已交税金	出口抵销内销产品应纳税额	转出未交增值税	合计	销项税额	出口退税	进项税额转出	转出多交增值税		
8	…	…	……	……	……	……	……	……	……	……	……	……	……	平	0
8	30		本月合计	68 000	35 100	32 900			68 000	68 000				平	0
9	4		采购材料	26 000	26 000									借	26 000
9	9		材料霉变						390			390		借	25 610
9	30		本月销售						78 000	78 000				贷	52 390
9	30		交纳税金	35 000		35 000								贷	17 390
9	30		转出未交	17 390				17 390						平	0
9	30		本月合计	78 390	26 000	35 000		17 390	78 390	78 000		390		平	0

图 9-3 应交增值税明细账

业务处理过程记录：

1. 公司 9 月 4 日购进 A 材料 200 000 元，增值税专用发票(略)注明税款 26 000 元，材料已验收入库(入库单略)，款项也转账付讫，请编制相应的记账凭证(以会计分录代替)。

2. 9 月 9 日发现有 3 000 元的 A 材料霉变，对应的增值税进项税额 390 元，霉变的主要原因是管理人员在雨天忘记关窗，属于管理不善，请进行批准前的账务处理。

3. 9 月 30 日，公司本月累计销售甲产品 600 000 元，增值税专用发票(略)上注明的增值税款为 78 000 元，商品已发出，价税款也转账收讫，请进行相应的账务处理。

4. 公司于 9 月 30 日转账支付本月应交增值税 35 000 元(单据略)，请编制相应的记账凭证(以会计分录代替)。

5. 请计算并结转该公司本月未交(或多交)的增值税，编制相应的记账凭证(以会计分录代替)。

计算：

分录：

业务二：

星贸集团 2024 年 10 月销售一批白酒，共计 4 000kg，售价为 65 元/kg。假设：白酒的消费税率为 20%加 1 元/kg，请填写图 9-4 应交消费税计算表并编制记账凭证(以会计分录代替)。

业务处理过程记录：

1. 填写星贸集团销售白酒 4 000kg 的应交消费税计算表(图 9-4)。

应交消费税计算表

2024 年 10 月 31 日　　单位：元

项目			税额								
白酒	**计税数量**	**单位税额**	百	十	万	千	百	十	元	角	分
	计税销售额	**税率**	百	十	万	千	百	十	元	角	分
合计											

会计主管：　　制表：

图 9-4 应交消费税计算表

2. 根据图 9-4 编制会计分录。

业务三：

天星矿业 2024 年 9 月产生尾矿 1 500 吨，其中按国家标准综合利用尾矿 500 吨，在标准设施里储存尾矿 300 吨，适用税额为 15 元，则天星矿业 2024 年 9 月应缴纳的环境保护税为多少元(假定企业没有排放其他污染物)，并编制提取环保税的记账凭证(以会计分录代替)。

业务处理过程记录：

1. 该企业尾矿排放量=

该企业尾矿应纳环境保护税=

2. 根据计算结果编制会计分录。

业务四：

万和集团 2024 年 10 月实际缴纳增值税 504 000 元，消费税 76 000 元，该企业的增值税、消费税均与其主营业务和其他业务相关，请分别按 7% 和 3% 的税费率提取城市维护建设税和教育费附加，并编制记账凭证(以会计分录代替)。

业务处理过程记录：

1. 计算万和集团 2024 年 10 月应交的城市维护建设税和教育费附加。

应交城市维护建设税 =

应交教育费附加 =

2. 根据计算结果编制会计分录。

业务五：

亿控集团 2024 年 12 月发生下列与税收相关的业务，请进行相应的账务处理。

业务处理过程记录：

1. 提取 2024 年的房产税 98 000 元，车船税 2 100 元、城镇土地使用税 69 000 元，编制会计分录。

2. 转账支付本季度房产税 24 500 元，编制会计分录。

3. 企业购买一辆汽车，转账支付车辆购置税 18 800 元，编制会计分录。

4. 企业购买印花税票 350 元，出纳以现金付讫，编制会计分录。

子项目6　预收账款与合同负债

理论题

一、判断题

1. 企业按合同约定向购货方预收的订金或部分货款均为预收账款。（　　）
2. 合同负债是指企业已收或应收客户对价而应向客户转让商品的义务。（　　）
3. 租赁业务中，预收定金和预收租金，统一使用预收账款科目。（　　）
4. 合同负债与预收账款都是依据合同规定、有商业实质、与收入相关的负债，在未来有可能转为收入。（　　）
5. 合同负债更多关注合同执行过程中的义务履行。（　　）

二、单项选择题

1. “预收账款”账户期末为借方余额，应在资产负债表的（　　）项目进行反映。

A. 预付账款　　B. 应付账款　　C. 应收账款　　D. 合同负债

2. 预收款项与履约义务无关，重点关注的是（　　）就已生成的货款与订单。

A. 合同成立之前　　B. 合同成立之后

C. 合同到期之前　　D. 合同成立前后

3. 未签订合同前，收到客户预付货款或订金，应贷记（　　）。

A. 预付账款　　B. 预收账款　　C. 合同资产　　D. 合同负债

4. 企业在向客户转让商品之前，如果客户已经支付了合同对价或企业已经取得了无条件收取合同对价的权利，则企业应当在客户实际支付款项与到期应支付款项孰早时点，将该已收或应收的款项列示为（　　）。

A. 银行存款　　B. 预收账款　　C. 应收账款　　D. 合同负债

三、多项选择题

1. 下列表述正确的有（　　）。

A. 预收账款只能核算实际收到的款项

B. 合同负债只能核算实际收到的款项

C. 可以核算预先收取的货款，也可以核算应当收取的货款

D. 预收账款也可以核算应当收取的货款

2. 一般纳税人按合同规定，预先收取含税货款，应贷记（　　）。

A. 预收账款　　B. 合同负债

C. 应交税费—应交增值税（销项税额）　　D. 应交税费—待转销项税额

业务题

业务一：

2024 年 10 月 1 日，厦门翔安房产公司收到甲客户购房订金 10 万元，请编制相应的会计分录。

业务处理过程记录：

业务二：

2024 年 11 月 5 日，厦门翔安房产公司与甲客户签订购房合同，合同规定：该套房全款（含税，税率 9%）为 218 万元，2025 年 12 月 31 日交房。甲客户转账支付 208 万元房款，另 10 万元以订金抵减。

业务处理过程记录：

1. 签订合同，约定交房日，并预先收到全部房款，编制会计分录。

2. 2025 年 12 月 31 日，按时交房，编制会计分录。

项目十 非流动负债

子项目1 长期借款

理论题

一、判断题

1. 非流动负债是偿还期在一年或超过一年的一个营业周期以上的债务。 (　　)
2. 我国现行会计制度规定，非流动负债应当以实际发生额入账。 (　　)
3. 长期借款是企业向金融机构借入的期限在一年以上(含一年)的各种款项。 (　　)
4. 长期借款利息，只要与固定资产购建有关一律计入固定资产成本。 (　　)

二、单项选择题

1. 非流动负债具有(　　)特点。

A. 低收益低风险　　B. 高收益高风险

C. 低收益高风险　　D. 高收益低风险

2. 下列属于非流动负债的有(　　)。

A. 预付账款　　B. 短期借款　　C. 长期借款　　D. 预收账款

3. 非流动负债项目不包括(　　)。

A. 企业向社会公开发行股份形成的权益

B. 企业向社会公开发行债券形成的权益

C. 企业向金融机构借入期限在一年以上的各种款项

D. 企业采用补偿贸易方式引进外国设备形成的长期债务

三、多项选择题

1. 非流动负债主要是为了满足企业(　　)的资金需求。

A. 日常经营中　　B. 购建固定资产

C. 改扩建工程　　D. 扩大生产经营规模

2. 企业应当设置“长期借款”账户，进行总分类核算，并按照(　　)设置明细分类账，进行明细核算。

A. 贷款机构　　B. 借款种类　　C. 借款币种　　D. 借款期限

业务题

业务一：

2023 年 1 月 1 日上海沪港集团从中国工商银行上海分行临港支行借入 500 万元用于生产设备的改扩建，借款期限二年，借款年利率为 4.2%，到期日一次性还本付息。请进行相关业务处理。

××银行贷款凭证③收账通知

日期贰零贰叁**年**壹**月**壹**日**

贷款单位名称	上海沪港集团	贷款种类	长期资金贷款	贷款户账号	63930708189
金额	人民币（大写）伍佰万元整	千 佰 十 万 千 佰 十 元 角 分 ¥ 5 0 0 0 0 0 0 0 0			
用途	工程使用	单位申请期限	自 2023 年 1 月 1 日起至 2025 年 1 月 1 日止	利率	4.2%
		银行核定期限	自 2023 年 1 月 1 日起至 2025 年 1 月 1 日止		
备注：	以上贷款已核准发放，并转入你单位临港支行滴水湖分理处 63930708189 账号账户。 中国工商银行上海分行 临港支行 2023.1. 转讫 此致 借款单位：上海沪港集团 （银行盖章）2023 年 1 月 1 日				

图 10-1　银行贷款凭证

业务处理过程记录：

1. 根据图 10-1 编制会计分录。

2. 提取 2023 年长期借款利息（工程建设期刚好一年），编制相应的记账凭证（以会计分录代替）。

3. 提取 2024 年长期借款利息（工程已于 2023 年年底完工），编制相应的记账凭证（以会计分录代替）。

4. 2025 年 1 月 1 日，一次性还本付息，编制相应的记账凭证（以会计分录代替）。

子项目2 应付债券

理论题

一、判断题

1. 债券是企业为筹集资金而发行的一种书面凭证。发行债券的企业通过凭证上记载的利率、期限等，向投资人允诺在未来某一特定日期还本付息。 (　　)

2. 债券票面价值高于债券发行价格，称为溢价发行。 (　　)

二、单项选择题

1. 债券发行期间所冻结的资金会产生一定的利息，若冻结资金的利息高于发行费用，其差额的处理，正确的有(　　)。

A. 视同债券溢价收入　　B. 冲减当期财务费用

C. 视同当期营业外收入　　D. 冲减当期应付利息

2. 溢价发行的债券，提取利息时，应(　　)。

A. 借记“应付债券—应计利息”　　B. 借记“应付债券—利息调整”

C. 贷记“应付债券—面值”　　D. 贷记“应付债券—利息调整”

三、多项选择题

1. 债券发行期间所冻结资金会产生一定的利息，若冻结资金的利息低于发行费用，对其差额的处理，正确的有(　　)。

A. 符合资本化条件的，计入相关资产的成本

B. 不符合资本化条件的，计入当期财务费用

C. 不符合资本化条件的，计入当期营业外支出

D. 不符合资本化条件的，计入当期资产减值损失

2. 企业应设“应付债券”总账，并在总账下设置(　　)明细账，进行明细分类核算。

A. 面值　　B. 应计利息　　C. 财务费用　　D. 利息调整

业务题

业务一：

2021年1月1日，福建近邻食品股份有限公司经批准向社会公众发行为期3年的企业债券，债券面值10 000 000元，发行价9 784 000元。票面年利率为4.5%，到期一次还本

付息，所筹资金用于补充公司的流动资金，请进行相关业务处理。

业务处理过程记录：

1. 福建近邻食品股份有限公司收到债券发行款，应根据银行收账通知及有关单据编制记账凭证(以会计分录代替)。

2. 按月提取债券利息。

每月应提取债券利息=

每月利息调整额(折价部分)=

3. 到期日一次还本付息，编制相应的记账凭证(以会计分录代替)。

子项目3　长期应付款

理论题

一、判断题

1. 长期应付款是指长期借款、应付债券以外的各种长期应付款项。　(　　)

2. 企业购买长期资产，只要延期付款就具有融资的性质。　(　　)

3. 企业购买资产延期付款的，各期实际支付价款之和与各期实际支付价款的现值之和的差额，应在信用期内采用名义利率法进行摊销。　(　　)

二、单项选择题

1. 企业以分期付款方式购入固定资产发生的应付款项属于(　　)。

A. 应付账款　B. 或有负债　C. 预计负债　D. 长期应付款

2. 企业购买资产延期付款的，各期实际支付价款之和与各期实际支付价款的现值之和的差额，应通过(　　)账户进行会计核算。

A. 未确认融资费用　B. 财务费用　C. 预计负债　D. 长期应付款

3. 企业购买资产延期付款的，如果超过了正常的信用条件，就有了融资的性质，所购资产的成本应以各期(　　)为基础进行确认。

A. 实际支付价款之和　　B. 实际支付价款的现值之和
C. 实际支付价款的终值之和　　D. 应付价款之和

三、多项选择题

1. 企业应设“长期应付款”总账，并按(　　)设明细账，进行明细分类核算。

A. 长期应付款的种类　　B. 长期应付款的债权人
C. 长期应付款的债务人　　D. 长期应付款的期限

2. 资产负债表中“长期应付款”项目根据(　　)账户资料分析计算求得。

A. 长期应付款　　B. 应付债券　　C. 未确认融资费用　　D. 应付利息

业务题

业务一：

2023 年 12 月 31 日，晋江向龙有限责任公司采用分期付款方式从金台有限责任公司购进一条智能生产线，增值税专用发票注明：价款 200 万元，增值税 26 万元。合同规定：价款分三年还清，销售当日支付 50%的价款及增值税，满一年支付 60 万元(假设折现率为 0.95)，满二年再付 40 万元(假设折现率为 0.90)。

业务处理过程记录：

1. 购进智能生产线，交付使用，转账支付首期价款 100 万元及增值税 26 万元，编制相应的记账凭证(以会计分录代替)。

固定资产入账价值=

未确认融资费用=

2. 2024 年 12 月 31 日转账支付 60 万元价款，编制相应的记账凭证(以会计分录代替)。

同时摊销未确认融资费用，编制相应的记账凭证(以会计分录代替)。

说明：本年未确认融资费用=

3. 2025 年 12 月 31 日转账支付 40 万元价款，编制相应的记账凭证(以会计分录代替)。

同时摊销未确认融资费用，编制相应的记账凭证(以会计分录代替)。

说明：本年未确认融资费用=

子项目 4　专项应付款和预计负债

理论题

一、判断题

1. 专项应付款应该计入企业的实收资本或股本账户。 (　　)
2. 预计负债是企业因或有事项可能产生的负债。 (　　)

二、单项选择题

1. 专项应付款是企业取得政府作为企业(　　)投入的具有专项或特定用途的款项。

A. 所有者　B. 管理者　C. 捐赠者　D. 债权人

2. 预计负债成立的前提条件之一，就是该义务的履行很可能导致经济利益流出企业，这里的“很可能”是指发生的可能性(　　)。

A. 大于 50%且小于或等于 80%　B. 大于 50%且小于或等于 90%
C. 不小于 80%　D. 不小于 90%

3. 甲公司向银行借款(属于无担保借款)300 万元，逾期未还，银行向法院起诉甲公司，要求归还本金及利息 305 万元，另支付罚息 5 万元，如果败诉，甲公司需要承担诉讼费用 3 万元，则甲公司如果对此业务进行账务处理，预计负债应是(　　)。

A. 305 万元　B. 308 万元　C. 313 万元　D. 8 万元

三、多项选择题

1. 与或有事项相关的义务，同时符合(　　)条件，应确认为企业负债。

A. 该义务是企业承担的现时义务
B. 该义务的履行很可能导致经济利益流出企业
C. 该义务的金额能够可靠地计量
D. 该义务是企业承担的未来义务

业务题

业务一：

金沙自来水厂的股东是当地政府，2024 年 10 月 9 日收到当地财政部门拨入的资金 600 万元，专门用于新建一个蓄水池，公司于 2024 年 10 月 15 日开工建设，当年 12 月 30 日完成蓄水池的建设且验收合格，并交付使用。

蓄水池修建共支出 560 万元，结余 40 万元不需要返还当地财政部门。

请对以上业务进行相应的账务处理。

业务处理过程记录：

1. 金沙自来水厂收到财政部门拨入的专项应付款，编制会计分录。

2. 建设过程累计支付工程款(包含不能抵扣的增值税)560 万元，编制会计分录。

3. 工程完工，交付使用，编制会计分录。

4. 结转专项应付款，编制会计分录。

业务二：

2024 年 8 月 5 日，新立股份有限公司被甲公司状告侵犯其专利权，至 2024 年 12 月 31 日法院尚未判决。新立股份有限公司的法律顾问认为该案件企业败诉的可能性为 85%，估计赔偿金额很可能为 100 万元，并要承担诉讼费用 3.5 万元。

业务处理过程记录：

1. 2024 年 12 月 31 日，对未决诉讼计提预计负债，请编制会计分录。

2. 2025 年 3 月 30 日法院作出一审判决，判新立股份有限公司败诉，应赔偿 100 万元侵权费用，另外还要承担 3.5 万元的诉讼费用。对判决结果，双方均不再上诉。判决生效当日，新立股份有限公司转账清偿了相关款项，请编制会计分录。

项目十一 所有者权益

子项目1　实收资本和其他权益工具

理论题

一、判断题

1. 所有者权益是指企业所有者对企业全部资产所享有的经济权利。（　　）

2. 2014年，国务院取消了注册资本限制，理论上1元也可以注册公司。（　　）

3. 实际工作中，股票基本上是溢价发行的，很少出现折价或按面值发行。（　　）

4. 库存股是股票发行公司通过各种方式重新获得已公开发行的股票，在公司资产负债表上，库存股属于所有者权益的备抵项目。（　　）

5. 永续债没有到期期限，没有返还本金和定期支付利息的义务。（　　）

二、单项选择题

1. 当企业法人实有资本比原注册资金数额增减超过(　　)时，应持资金使用证明或验资证明，向原登记机关申请变更登记。

A. 20%　　B. 30%　　C. 40%　　D. 50%

2. 股票折价发行，是指(　　)<面值。

A. 股票发行价

B. 股票发行价+购买股票资金冻结期间利息+股票发行费用

C. 股票发行价+购买股票资金冻结期间利息-股票发行费用

D. 股票发行价+购买股票资金冻结期间利息

3. 企业注销回购股票，如果股本金额>库存股金额，其差额应(　　)账户。

A. 借记"库存股"　　B. 借记"资本公积"

C. 贷记"库存股"　　D. 贷记"资本公积"

4. 下列选项中优先股不享有的权利有(　　)。

A. 在公司盈利后，有权优先获得股息分配

B. 企业破产清算时，有权优先于普通股股东分配剩余资产

C. 企业表决时，享有和普通股股东一样的投票权

D. 在某些条件下，可以约定的价格让公司赎回优先股

三、多项选择题

1. 所有者权益一般由实收资本(或股本)、资本公积以及(　　)构成。
A. 其他权益工具投资　　B. 其他综合收益
C. 专项储备　　D. 留存收益

2. 实收资本根据载体的不同，分为(　　)等。
A. 国家资本金　　B. 法人资本金　　C. 实物资本　　D. 无形资本

3. 企业发行的(　　)，属于企业的其他权益工具。
A. 普通股　　B. 优先股　　C. 永续债　　D. 不可转换债券

4. 归类为权益工具的金融工具，下列关于其利息支出的表述，正确的有(　　)。
A. 名称含“债”的金融工具，其利息支出会影响当期损益
B. 名称不含“债”的金融工具，其利息支出也会影响当期损益
C. 无论名称是否含“债”，其利息支出都不会影响当期损益
D. 无论名称是否含“债”，其利息支出都属于企业的利润分配

业务题

业务一：

2024 年 5 月 1 日，福建著成服饰股份有限公司成功在深市中小板发行股票 1 000 万股，每股面值 1 元，发行价 8 元，发行费用 300 万元，发行期间，冻结资金产生利息 64 万元。扣除发行费用后的价款及冻结资金产生的利息均已到账，请进行相应的账务处理。

业务处理过程记录：

业务二：

九头彩股份有限公司从 A 股市场上回购本企业股票 200 万股并注销，请进行相应的账务处理。

业务处理过程记录：

1. 九头彩股份有限公司从 A 股市场上回购本企业股票 200 万股，每股面值 1 元，平均回购价(含税费)9.3 元。根据开户行付款通知等单据编制记账凭证(以会计分录代替)。

2. 之后经研究决定将回购股票全数注销，注销当日企业“资本公积—股本溢价”账户余额为15 000 000元，“盈余公积—法定盈余公积”账户余额为3 000 000元。请进行相应的账务处理。

子项目2　资本公积和其他综合收益

理论题

一、判断题

1. 所有者权益的金额为企业资产总额减去负债总额后的余额。（　）

2. 资本公积不专属于某一投资者，而是由全体投资者共同分享。（　）

3. 其他综合收益是指企业根据其他会计准则的规定，未在当期损益中确认的各项利得和损失。（　）

4. 可供出售的金融资产出售后，应将与之相关的“其他综合收益”账户的余额全部转入“其他收益”账户。（　）

5. “其他综合收益”账户的本期发生额应列报于利润表，期末余额应列报于资产负债表。（　）

二、单项选择题

1. 企业按（　）这一顺序弥补亏损符合国家有关规定，且有利于保护债权人利益和保全公司的资本。

A. 法定盈余公积（不足弥补）→任意盈余公积（还不足弥补）→资本公积

B. 任意盈余公积（不足弥补）→法定盈余公积（还不足弥补）→资本公积

C. 资本公积（不足弥补）→法定盈余公积（还不足弥补）→任意盈余公积

D. 资本公积（不足弥补）→任意盈余公积（还不足弥补）→法定盈余公积

2. 控股股东直接或者通过控股股东的子公司给本企业捐赠，应贷记（　）。

A. 资本公积—其他资本公积　　B. 资本公积—股本溢价

C. 营业外收入—捐赠收入　　D. 其他综合收益

3. 企业可供出售的金融资产公允价值上升，应贷记（　）。

A. 营业外收入　　B. 其他收益　　C. 投资收益　　D. 其他综合收益

4. 自用房产转为公允价值模式计量的投资性房产，转换日，当公允价值＜账面价值时，公允价值与账面价值之差额应当借记(　　)。

A. 公允价值变动损益　B. 其他综合收益　C. 营业外支出　D. 投资收益

三、多项选择题

1. 企业的资本公积，包括(　　)。

A. 资本溢价或股本溢价　　B. 直接计入当期损益的利得和损失

C. 直接计入所有者权益的利得和损失　　D. 利得和损失

2. 可以直接用于转增的资本公积，包括(　　)等形成的资本公积。

A. 资本(或股本)溢价　　B. 拨款转入

C. 接受现金捐赠　　D. 外币资本折算差额

3. 企业的其他综合收益，主要内容有(　　)。

A. 可供出售金融资产公允价值变动形成的利得和损失

B. 可供出售外币非货币性项目的汇兑差额形成的利得和损失

C. 存货或自用房地产转换为采用公允价值模式的投资性房地产形成的利得

D. 权益法核算的长期股权投资，投资方应享有被投资方单位实现的其他综合收益份额

业务题

业务一：

百宏股份有限公司外币业务采用交易日即期汇率折算，按月计算汇兑差额。

2024 年 12 月 11 日，公司以每股 2.5 美元的价格购入境外股 1 万股作为可供出售的金融资产，购买日汇率为 1∶7.215。2024 年 12 月 31 日，该股票每股交易价格为 3 美元，当日即期汇率为 1∶7.035。

请计算有关业务的金额并进行相应的账务处理。

业务处理过程记录：

1. 编制购买日的会计分录。

2. 编制 2024 年 12 月 31 日计算其他综合收益的会计分录。

2024 年 12 月 31 日：

该投资的公允价值变动额=

该投资的汇兑损失或收益=

该投资其他综合收益的入账金额=

业务二：

百宏股份有限公司2024年12月15日经研究决定将位于厦门五缘湾的自用办公楼百宏大厦转为投资性房地产，企业办公人员已从百宏大厦撤出，搬入新的办公场所。百宏大厦原值9 200万元，已提折旧1 800万元，现公允价值为1.5亿元。请进行相应的账务处理。

业务处理过程记录：

转换日，公允价值1.5亿元>账面价值6 800万元，请编制会计分录。

子项目3　盈余公积和专项储备

理论题

一、判断题

1. 盈余公积是企业按规定从利润中提取的各种积累资金，主要用于弥补亏损、转增资本、发放现金利润或股利。（　　）

2. 法定盈余公积达到注册资本的50%时，企业可以不再提取。（　　）

3. 专项储备是所有企业都应提取的安全生产以及维持简单再生产的费用。（　　）

4. 没有无资产的权益，没有无权益的资产。（　　）

5. 以专项储备资金购建固定资产的，应按固定资产的入账金额一次性提足折旧，以后会计期间不再计提折旧。（　　）

二、单项选择题

1. 盈余公积转增资本后，不得少于注册资本的（　　）。

A. 25%　　B. 35%　　C. 45%　　D. 50%

2. “专项储备”属于（　　）会计科目。

A. 资产类　　B. 负债类　　C. 所有者权益类　　D. 损益类

3. 专项储备相当于一种准备金，类似（　　），旨在提高企业应对风险的能力。

A. 坏账准备　　B. 资本公积　　C. 盈余公积　　D. 资产减值准备

4. 专项储备用于费用化支出，应当借记（　　）。

A. 生产成本　　B. 制造费用　　C. 管理费用　　D. 专项储备

三、多项选择题

1. 企业的留存收益，主要由(　　)组成。

A. 实收资本或股本　B. 资本公积　C. 盈余公积　D. 未分配利润

2. 盈余公积是企业按规定从净利润中提取的各种积累资金，主要用于(　　)。

A. 弥补亏损　B. 转增资本

C. 转增资本公积　D. 发放现金利润或股利

3. 专项储备适用于直接从事(　　)的企业及其他经济组织。

A. 煤炭生产、非煤矿山开采、石油天然气开采

B. 建设工程施工、危险品生产与储存、交通运输

C. 烟花爆竹生产、民用爆炸物品生产、电力生产与供应

D. 冶金、机械制造、武器装备研制生产与试验(含民用航空及核燃料)

业务题

业务一：

福建平顺股份有限公司 2024 年度利润分配方案如图 11-1 所示。

福建平顺股份有限公司2024年度利润分配方案

（2025 年 3 月 8 日股东大会通过）

2024 年度净利润　4 800 000 元 全年可供分配利润　4 800 000 元	
分配方案	1. 提取法定盈余公积（可供分配利润的 10%）480 000 元 2. 提取任意盈余公积（可供分配利润的 5%）240 000 元 3. 分配投资人现金股利（可供分配利润的 15%）720 000 元
批复	董事长：常顺平　　公司公章（略）

2025 年 3 月 24 日

图 11-1

请对以上业务进行相应的账务处理。

业务处理过程记录：

1. 根据图 11-1 等单据编制提取法定盈余公积、任意盈余公积的会计分录。

2. 根据图 11-1 等单据编制向投资人分配现金股利的会计分录。

3. 年度终了，结平“利润分配”明细账户，请编制会计分录。

业务二：

某小型烟花爆竹生产企业 2023 年营业收入为 379.8 万元，按规定应以上年营业收入为依据，按 2%的比例计算本年应提取的专项储备，然后平均到每一月份，逐月计提。

业务处理过程记录：

1. 2024 年 1 月 30 日计提本月专项储备，请计算应提取金额并进行账务处理。

2. 2024 年 2 月 18 日至 19 日，企业本年生产开工(20 日开工)之前，组织人员对生产各环节进行安全隐患排查，转账支付各项排查费用 3 600 元。请进行账务处理。

项目十二 收　　入

子项目 1　收入的确认与计量

理论题

一、判断题

1. 收入是企业在日常活动中形成的，会导致所有者权益增加，与投入资本相关的经济利益的总流入。（　　）

2. 收入平时表现为资产的增加或者负债的减少，且最终会导致企业所有者权益的增加。（　　）

3. 企业为第三方或者客户代收的款项不属于本企业的收入。（　　）

4. 合同的存在是企业确认合同收入的前提。（　　）

5. 商品控制权是指能够主导该商品的使用并从中获得一定的经济利益。（　　）

二、单项选择题

1. 会计要素中的收入是狭义的收入，包括(　　)等。

A. 接受捐赠获得的收入　　B. 对外投资获得的收益

C. 公允价值变动损益　　D. 提供非工业性劳务获得的收入

2. 收入按主次分为(　　)等。

A. 商品销售收入　　B. 提供劳务收入

C. 让渡资产使用权收入　　D. 其他业务收入

3. 企业代第三方收取的款项以及预期将退还给客户的款项应作为(　　)进行会计处理，不计入交易价格。

A. 资产　　B. 负债　　C. 费用　　D. 损失

4. 当某项合同确定只有单项履约义务时，下列还没完成的步骤，可以省略的有(　　)。

A. 确定交易价格　　B. 将交易价格分摊至各单项履约义务

C. 履行各单项履约义务时确认收入　　D. 可省略的有 A 和 C

三、多项选择题

1. 合同各方已批准企业与客户之间的销售合同，并承诺将履行各自的义务，企业还必须在同时满足(　　)条件下，方可在客户取得相关商品控制权时确认收入。

A. 该合同明确了合同各方与转让商品、提供服务相关的权利和义务

B. 该合同有明确的与转让商品、提供服务相关的支付条款

C. 履行该合同将改变企业未来现金流量的风险、时间分布或金额

D. 企业很可能收回因向客户转让商品、提供服务而有权取得的对价

2. 企业在收入的确认与计量中，基本过程包括(　　)等步骤。

A. 识别与客户订立的合同　　B. 识别合同中的单项履约义务

C. 确定交易价格　　D. 履行各单项履约义务时确认收入

3. 在下列各个步骤中，(　　)主要与收入的计量有关。

A. 识别与客户订立的合同　　B. 识别合同中的单项履约义务

C. 确定交易价格　　D. 将交易价格分摊至各单项履约义务

业务题

好美服饰与海湾商城签订合同，向其销售女休闲西裤 120 条、女连衣裙 60 条，不含增值税的合同总价款为 18 000 元。女休闲西裤 120 条、女连衣裙 60 条的单独不含税售价分别为 12 960 元、8 640 元。

请计算分摊女休闲西裤 120 条、女连衣裙 60 条各自的交易价格。

业务处理过程记录：

女休闲西裤 120 条应分摊的交易价格 =

女连衣裙 60 条应分摊的交易价格 =

子项目 2　销售收入的账务处理

理论题

一、判断题

1. 企业发出商品，客户已接受该商品并验收合格，是判断商品控制权已经转移的充分条件。(　　)

2. 销售退回是因出售不符合销售合同条款规定的商品而被客户退货的行为。(　　)

3. 对于在某一时段内履行的单项履约义务，企业只能采用一种方法来确定其履约进度并一以贯之。(　　)

4. 无论是否取得合同都会发生的差旅费、投标费、与投标有关的资料费等，属于企业为取得合同发生的增量成本。 (　　)

5. 合同取得成本就是合同的对象或合同的内容。 (　　)

二、单项选择题

1. 合同规定客户只有在商品出售后才付款的，销售方发出商品时，应借记(　　)。

A. 应收账款　　B. 合同资产　　C. 发出商品　　D. 其他应收款

2. 当履约进度不能合理确定时，企业已经发生的成本预计能够得到补偿的，应当按(　　)确认收入，直到履约进度能够合理确定。

A. 已发生的成本金额

B. 合同的交易总价

C. 合同的交易总价×暂估履约进度

D. 合同的交易总价×暂估履约进度-以前会计期间累计已确认的收入金额

3. 企业为取得合同发生的非增量成本的其他支出，应借记(　　)。

A. 合同取得成本　　B. 管理费用　　C. 销售费用　　D. 合同资产

4. 每月摊销合同取得成本，应借记(　　)。

A. 合同取得成本　　B. 管理费用　　C. 销售费用　　D. 累计摊销

三、多项选择题

1. 对于在某一时点履行的履约义务，企业在判断控制权是否转移时，应当综合考虑(　　)等迹象。

A. 企业就该商品享有现时收款权利，客户就该商品负有现时付款义务

B. 企业已将该商品的法定所有权转移给客户，客户已拥有该商品的法定所有权

C. 企业已将该商品实物转移给客户，客户已占有该商品实物

D. 企业已将该商品所有权上的主要风险和报酬转移给客户

2. 合同履约成本是指企业为履行合同发生的不属于(　　)等规范范围且同时满足相关条件的各种成本。

A. 存货　　B. 固定资产

C. 无形资产　　D. 与取得合同直接相关的费用

3. 企业应当在(　　)发生时，将其列入当期损益。

A. 明确由客户承担的管理费用支出

B. 非正常消费的直接材料、直接人工、制造费用或类似费用支出

C. 与履约义务中已履行部分相关的支出

D. 无法在尚未履行与已履行的履约义务之间区分的相关支出

4. 每月摊销合同履约成本，可能借记(　　)。

A. 合同取得成本　　B. 合同履约成本

C. 主营业务成本　　D. 其他业务成本

业务题

业务一：

福居有限责任公司是一家房地产开发企业，2024 年签订房屋销售合同，销售房产 5 万平方米。当年转账支付销售佣金 1 325 万元(含税，税率 6%)。福居有限责任公司当年交房 1 万平方米，应分摊 20%的销售佣金，请进行相应的账务处理。

业务处理过程记录：

1. 取得合同发生的增量成本【1 325 万元÷(1+6%)= 1 250 万元】，编制会计分录。

2. 分摊 2024 年应负担的销售佣金，编制会计分录。

计算过程：2024 年应分摊的销售佣金 =

业务二：

仁无信息有限责任公司是一家软件开发企业，2024 年 1 月 1 日，与甲公司签订了一份为期二年的软件开发合同，合同金额为 80 万元(不含增值税)，另按 6%的税率支付增值税。请针对 2024 年的相关业务进行账务处理。

业务处理过程记录：

1. 提取软件开发技术人员 2024 年的工资 150 000 元，编制会计分录。

2. 转账支付 2024 年各项开发费用 35 000 元，编制会计分录。

3. 到了 2024 年年末，完成开发任务的 50%，开出增值税发票，确认收入。按合同规定，款项待软件开发结束，验收合格后一并支付，编制会计分录。

4. 结转 2024 年已发生的合同履约成本，编制会计分录。

子项目 3　特定交易收入的账务处理

理论题

一、判断题

1. 附有销售退回条款的销售，确认收入时应借记“预计负债—应付退货款”。（　　）

2. 企业向客户保证所售商品符合既定的质量标准，客户不需为此另外付费。（　　）

3. 客户具有要求企业行使回购权的重大经济动因，且回购价低于原售价的，应当视为租赁交易进行会计处理。（　　）

4. 客户具有要求企业行使回购权的重大经济动因，且回购价高于原售价的，应当视为融资交易进行会计处理。（　　）

二、单项选择题

1. 企业将商品控制权转移给客户后，可能会因为各种原因同意客户依据合同条款、法规要求、之前习惯做法等选择退货，此销售为(　　)。

A. 虚假销售　　B. 附有销售退回条款的销售

C. 附有质量保证条款的销售　　D. 售后回购方式的销售

2. 服务类质量保证未单独收费的商品，在销售确认收入时，参与分摊部分交易价格，应当贷记(　　)。

A. 合同负债　　B. 预计负债　　C. 合同资产　　D. 其他业务收入

3. 客户不具有要求企业行使回购权的重大经济动因，企业应当将该售后回购视为(　　)进行会计处理。

A. 虚假销售　　B. 附有销售退回条款的销售

C. 租赁交易　　D. 融资交易

4. 销售商品时或资产负债表日，预计保证类质量保证费用，应借记(　　)。

A. 合同负债　　B. 预计负债　　C. 销售费用　　D. 合同资产

三、多项选择题

1. 附有客户额外购买选择权的销售，主要包括(　　)等情形。

A. 积分奖励　　B. 销售激励

C. 未来购买商品的折扣券　　D. 合同续约选择权

2. 附有销售退回条款的销售，发生退货且实际退货比预计的多，应借记(　　)。

A. 预计负债　　B. 主营业务收入

C. 合同负债　　D. 应交税费—应交增值税(销项税额)

3. 附有额外购买选择权的销售，如果额外购买选择权是企业向客户提供的一项重大权利，则该额外购买选择权应作为单项履约义务，并(　　)。

A. 按照有关标准将交易总价的一部分分摊至该单项履约义务

B. 在销售发生的当下确认为收入

C. 在客户未来行使购买选择权取得相关商品控制权时确认为收入

D. 在选择权失效时确认为收入

业务题

业务一：

某食品公司为增值税一般纳税人，2024 年 10 月 9 日，向久安康养中心销售保健食品 200 套，每套不含税(税率 13%)售价 600 元，每套生产成本 400 元。

保健食品已发出，价税款已收到。根据合同规定，久安康养中心在 2025 年 1 月 10 日之前有权退还保健食品。食品公司根据以往经验，估计该批保健食品退货率为 8%。

2024 年 12 月 31 日，食品公司重新评估退货率，认为会有 10%的保健食品被退回。

2025 年 1 月 9 日发生销售退回，实际退货量为 21 套，退货款项已转账付讫并向久安康养中心出具红字增值税专用发票。

请对上述经济业务进行账务处理。

业务处理过程记录：

1. 某食品公司 2024 年 10 月 9 日发出养生食品。

(1) 确认收入，编制会计分录。

(2) 同时结转成本，编制会计分录。

2. 食品公司 2024 年 12 月 31 日将退货率调整为 10%，编制会计分录。

同时调整销售成本，编制会计分录。

3. 食品公司2025年1月9日收到21套退回商品，编制会计分录。

同时冲减退回商品已结转的销售成本：

业务二：

中装设备有限责任公司为增值税一般纳税人，2025年1月15日向华海先进制造公司销售智能制造设备一套，不含税(税率13%)售价1 800 000元，价税款已转账收讫。智能制造设备的生产成本890 000元，保修期2年，预计2年的保修费用为销售收入的5%。第一年发生了保修费用60 000元，第二年发生了保修费用75 000元。

假设不考虑相关税费及货币时间价值等其他因素，请进行相关的账务处理。

业务处理过程记录：

1. 确认收入，编制会计分录。

2. 同时结转成本，编制会计分录。

3. 确认收入时，按收入的8%预计保证类质量保证费用，编制会计分录。

4. 支付第一年的保修费用，编制会计分录。

5. 支付第二年的保修费用，编制会计分录。

6. 质保期满，冲回多提取的质量保证费用，编制会计分录。

业务三：

海河商贸有限责任公司向某鞋厂销售一条制鞋生产线，不含税销售价 3 000 万元，双方约定，鞋厂有权在 3 年期满，要求海河商贸有限责任公司以不低于 3 648 万元的不含税价格回购该制鞋生产线。

请判断海河商贸有限责任公司此次交易为哪类(租赁业务、融资业务、附有销售退回条款的销售业务)经济业务，并按判断的经济业务类型进行账务处理。

业务处理过程记录：

本例中，假定不考虑时间价值的影响，由于技术进步和有形磨损，该制鞋生产线三年后的实际价值将远低于 3 648 万元，客户存在要求回购的重大经济动因。

由于回购价高于销售价，海河商贸有限责任公司应将该笔交易视为融资业务。

1. 发出商品，出具增值税专用发票，收到价税款存入银行，编制会计分录。

2. 按月摊销销售价与回购价的差额，计入其他业务收入，编制会计分录。

每月应摊销金额 = (3 648 − 3 000) ÷ 36 = 18(万元)

3. 三年期满，回购该制鞋生产线，编制会计分录。

项目十三 费 用

子项目1 营 业 成 本

理论题

一、判断题

1. 费用是指企业日常经营活动中发生的，会导致所有者权益减少，与向所有者分配利润无关的经济利益的总流出。（ ）

2. 营业成本应当与营业收入进行配比。（ ）

3. 主营业务成本是指企业在销售商品、提供劳务等经营性活动中发生的成本。（ ）

4. 企业必须在销售时将已销商品、已提供劳务的成本转入主营业务成本。（ ）

5. 采用公允价值模式计量投资性房地产的，其投资性房地产计提的折旧额或摊销额，也构成其他业务成本。（ ）

二、单项选择题

1. 企业结转已销商品或已提供劳务的成本，应当借记（ ）。

A. 生产成本　B. 主营业务成本　C. 合同取得成本　D. 合同履约成本

2. 其他业务成本是指企业确认的（ ）所发生的支出。

A. 日常经营活动　B. 主营业务以外的其他日常经营活动

C. 非日常经营活动　D. 主营业务以外的其他非日常经营活动

3. 下列属于损益类科目的是（ ）。

A. 生产成本　B. 主营业务成本　C. 合同取得成本　D. 合同履约成本

4. 采用一次摊销法，发出包装物给承租客户时，应借记（ ），贷记“周转材料—包装物（在库）”。

A. 其他业务成本　B. 周转材料—包装物（出租）

C. 周转材料—包装物（摊销）　D. 合同履约成本

三、多项选择题

1. 营业成本是指企业从事（ ）等经营活动发生的实际成本。

A. 销售商品　B. 提供劳务　C. 让渡资产使用权　D. 让渡资产所有权

2. 企业的营业成本包括(　　)。

A. 主营业务成本　　B. 其他业务成本　　C. 生产成本　　D. 合同取得成本

3. 企业(　　)应借记“其他业务成本”科目。

A. 结转已销售材料的采购成本　　B. 提取出租固定资产折旧

C. 对出租包装物进行摊销　　D. 按期摊销合同取得成本

业务题

业务一：

2024 年 10 月，新潮男装月初库存男女同款 T 恤 800 件，单位生产成本 54 元；本月入库 4 000 件，单位生产成本 52 元。本月累计销售男女同款 T 恤 4 300 件。请采用先进先出法结转本月已销男女同款 T 恤的生产成本。

业务处理过程记录：

1. 编制已销男女同款 T 恤的生产成本的会计分录。

2. 编制结转已销男女同款 T 恤生产成本的会计分录。

业务二：

2025 年 1 月 9 日，新潮男装因销售商品领用单独计价的包装物一批，该批包装物采购成本为 20 000 元，开具的增值税专用发票上注明价款 30 000 元，增值税税额为 3 900 元，款项尚未收到但已办妥托收手续。

请根据审核无误的原始凭证进行相应的账务处理。

业务处理过程记录：

1. 根据有关单据确认收入，编制会计分录。

2. 在确认收入的同时，根据出库单等单据结转已销包装物成本，编制会计分录。

3. 月末新潮男装“主营业务成本”“其他业务成本”账户结转前余额分别为 964 200 元、35 000 元，请结平结转营业成本账户余额并编制相关会计分录。

子项目 2　期 间 费 用

理论题

一、判断题

1. 期间费用是指企业非日常活动发生的不能计入特定核算对象的成本，而应计入发生当期损益的费用。（　　）

2. 期间费用是企业为组织和管理整个经营活动所发生的费用，所以期间费用就是费用，费用是期间费用的简称。（　　）

3. 销售费用是指企业在销售商品和材料、提供服务过程中发生的各种费用。（　　）

4. 管理费用是企业行政部门为组织和管理生产经营活动而发生的各种费用。（　　）

5. 财务费用是企业筹集资金和财务部门进行财务管理活动而发生的费用。（　　）

二、单项选择题

1. 下列费用项目，不属于期间费用的有(　　)。

A. 会计人员差旅费　　B. 行政管理部门设备折旧

C. 材料入库后的挑选整理费　　D. 销售部门盘亏设备的净损失

2. 下列费用项目，不属于销售费用的是(　　)。

A. 商品维修费　　B. 预计产品质量保证损失

C. 业务招待费　　D. 展览费和广告费

3. 下列费用项目，不能确定完全属于管理费用的是(　　)。

A. 财务人员薪酬　　B. 董事会费

C. 咨询费(含顾问费)　　D. 工会经费

4. 与“本年利润”账户没有对应关系的账户是(　　)。

A. 财务费用　　B. 管理费用　　C. 销售费用　　D. 制造费用

三、多项选择题

1. 企业发生的(　　)，应当在发生时确认为费用。

A. 支出不符合或不再符合资产确认条件的
B. 损失不符合或不再符合资产确认条件的
C. 交易或事项导致其承担了一项损失
D. 交易或事项导致其承担了一项负债，而又不能确认为资产的

2. 费用要素中的“费用”包括(　　)。
A. 营业成本　　B. 税金及附加　　C. 期间费用　　D. 营业外支出

3. 财务费用包括(　　)以及现金折扣等。
A. 日常流动资金借款利息支出　　B. 设备更新改造借款利息支出
C. 汇兑净损失　　D. 手续费

业务题

2024 年 11 月新潮男装发生下列期间费用，请进行相应的账务处理。

业务处理过程记录：

1. 转账报销销售部门人员差旅费 12 720 元(采用定额备用金)。其中：飞机票 6 976 元(已包含机场建设费和燃油附加费)；住宿费 2 400 元，增值税税额 144 元；出差补助 3 200 元，编制会计分录。

2. 2024 年 11 月 1 日至 11 日，新潮男装为了提高新产品在“双 11”期间的销售量，在国内某知名视频网站上投放连续十天的新品广告，取得的增值税专用发票上注明价款 108 000 元，增值税 1 1880 元，价税款已转账付讫，编制会计分录。

3. 财务部门向仓库领用饮水机一台，单价 360 元，采用一次摊销法，编制会计分录。

4. 报销行政人员差旅费 6 000 元，已预借 5 000 元，差额以现金支付，编制会计分录。

5. 转账支付水电费 18 400 元，增值税 2 392 元，编制会计分录。

6. 本月提取销售部门、行政部门、财务部门、生产部门（含车间）的固定资产折旧额分别是 6 000 元、9 800 元、5 000 元、12 000 元，编制会计分录。

7. 转账支付银行为企业办理结算的手续费，取得增值税专用发票一张，注明手续费 98 元，增值税 5.08 元，编制会计分录。

8. 本月提取销售部门、行政部门、财务部门的人员薪酬分别是 69 000 元、77 000 元、36 000 元，编制会计分录。

9. 提取本月流动资金借款利息 1 200 元，编制会计分录。

10. 分摊本月水电费 18 400 元，其中行政部门 3 900 元、销售部门 3 200 元、财务部门 1 800 元，生产部门（含车间）9 500 元，编制会计分录。

11. 假设本月再无其他期间费用发生，请于月末结平本月期间费用账户，编制会计分录。

项目十四 利　润

子项目 1　利润形成的核算

理论题

一、判断题

1. 利润是反映企业经营管理水平的一项综合性指标，企业的经营能力、费用控制水平和资金使用效益都可以通过利润体现出来。（　　）

2. 利润核算有账结法和表结法两种。现实工作中，多数企业采用表结法。（　　）

3. 利润总额=营业利润+ 投资收益+营业外收入-营业外支出。（　　）

4. 营业外收入，是企业非日常活动形成的，应当计入当期损益，会导致所有者权益增加，与所有者投入资本无关的经济利益净流入。（　　）

5. 综合收益总额=利润总额+其他综合收益。（　　）

二、单项选择题

1. 企业的经营能力、费用控制水平和资金使用效益都可以通过(　　)表现出来。

A. 营业成本　　B. 期间费用　　C. 企业利润　　D. 税金及附加

2. 关于平时(指 1—11 月)企业利润的核算方法，下列表述正确的有(　　)。

A. 当企业所得税费用分月结转时，本年利润平时只能采用表结法

B. 当企业所得税费用分月结转时，本年利润平时只能采用账结法

C. 当企业所得税费用年末一次结转时，本年利润平时适合采用表结法

D. 当企业所得税费用年末一次结转时，本年利润平时适合采用账结法

3. 不影响企业营业利润的项目有(　　)。

A. 资产减值损失　　B. 公允价值变动收益

C. 其他收益　　D. 其他综合收益

4. 不能重新分类进损益的其他综合收益包括(　　)。

A. 重新计量设定受益计划变动额　　B. 权益法下可转损益的其他综合收益

C. 其他债权投资信用减值准备　　D. 外币财务报表折算差额

三、多项选择题

1. 利润是企业在一定会计期间的经营成果，包括(　　)等。

A. 收入减去费用后的净额
B. 利得和损失
C. 直接计入当期损益的利得和损失
D. 直接计入当期利润的利得和损失

2. 企业的利润由(　　)构成。

A. 营业利润
B. 利润总额
C. 净利润
D. 综合收益总额

3. 将重分类进损益的其他综合收益包括(　　)等。

A. 其他债权投资公允价值变动
B. 现金流量套期储备
C. 其他权益工具投资公允价值变动
D. 企业自身信用风险公允价值变动

业务题

久美服饰有限公司平时采用表结法计算企业利润，年终采用账结法结转全年利润。2024 年该公司损益类账户结转本年利润前的余额如图 14-1 所示。

久美服饰有限公司科目余额表

2024年12月31日

会计科目	结账前借方余额	结账前贷方余额
主营业务收入		7 900 000
其他业务收入		840 000
主营业务成本	4 200 000	
其他业务成本	460 000	
税金及附加	500 000	
销售费用	800 000	
管理费用	400 000	
财务费用	100 000	
投资收益		650 000
资产减值损失	300 000	
信用减值损失	120 000	
营业外收入		45 000
营业外支出	155 000	

图 14-1

要求：结转损益账户并计算当年营业利润和利润总额。

业务处理过程记录：

1. 将损益类账户中各收入类账户结转前的贷方余额转入本年利润，编制会计分录。

2. 将损益类账户中各成本、费用类账户结转前的借方余额转入本年利润，编制会计分录。

3. 计算：

（1）2024 年全年的营业利润＝

（2）2024 年全年利润总额＝

子项目 2 所得税费用

理论题

一、判断题

1. 企业所得税是税务机关向独立核算的企业，就其会计年度实现的利润总额征收的一种税款。（ ）

2. 应纳税所得额＝利润总额（会计利润）＋纳税调整增加额－纳税调整减少额。（ ）

3. 永久性差异是由税收法规与会计准则的计算口径不一而产生的。（ ）

4. 永久性差异只影响当期的应纳税额，因此不存在账务调整问题。（ ）

5. 可抵扣暂时性差异在产生当期，符合条件的，确认为递延所得税负债。（ ）

二、单项选择题

1. 所得税费用是（ ）。

A. 当期所得税
B. 当期所得税＋递延所得税
C. 当期所得税＋递延所得税资产
D. 当期所得税－递延所得税负债

2. 递延所得税＝（ ）。

A. 递延所得税资产当期发生额
B. 递延所得税负债当期发生额
C. 递延所得税负债当期发生额－递延所得税资产当期发生额
D. 递延所得税资产当期发生额－递延所得税负债当期发生额

3. 递延所得税不包括计入（ ）的交易或事项对所得税的影响。

A. 资产
B. 负债
C. 资产及负债
D. 所有者权益

4. (　　)其计税基础，产生的差异为应纳税暂时性差异。

A. 资产的账面价值大于　　B. 资产的账面价值小于

C. 权益的账面价值大于　　D. 权益的账面价值小于

三、多项选择题

1. 企业下列纳税调整项目中，属于调增项目的是(　　)。

A. 业务招待费中超过支出标准部分

B. 从非金融机构借款超出同期金融机构贷款利率的利息费用

C. 按税法规定不能在税前利润扣除的折旧费

D. 职工福利费不到工资总额的 14%，差额部分

2. 暂时性差异按对未来期间应纳税所得额的不同影响，可以分为(　　)。

A. 应纳税暂时性差异　　B. 可抵扣暂时性差异

C. 轻微影响暂时性差异　　D. 重大影响暂时性差异

3. 计提所得税费用时，可能记在借方也可能记在贷方的科目是(　　)。

A. 所得税费用　　B. 应交税费—应交所得税

C. 递延所得税资产　　D. 递延所得税负债

业务题

业务一：

茂华公司 2023 年、2024 年分别实现税前利润 6 000 000 元和 8 000 000 元，其中 2023 年公益性捐赠 800 000 元，2024 年国债利息收入 40 000 元；2024 年工资总额 3 200 000 元，职工福利费 450 000 元，假设无其他纳税调整项目，请分别计算茂华公司 2023 年、2024 年的应交所得税。

业务处理过程记录：

2023 年分析：

2023 年公司应纳税所得额＝

2023 年公司应交所得税额＝

2024 年分析：

2024 年公司应纳税所得额=

2024 年公司应交所得税额=

业务二：

茂华公司 2024 年应交所得税税额为 1 970 500 元，且递延所得税资产的年初数为 250 000 元，年末数为 210 000 元，假设不考虑其他因素，请计提并结转茂华公司 2024 年的所得税费用。

业务处理过程记录：

1. 计算所得税费用。

递延所得税=

递延所得税负债没有发生额=

递延所得税资产当年发生额=

所得税费用=

2. 编制提取所得税费用的会计分录。

3. 编制结转所得税费用的会计分录。

子项目 3 利 润 分 配

理论题

一、判断题

1. 利润分配是指企业根据国家法律法规和财务制度的规定，对企业一定时期内的综合收益总额进行分配的过程。 （ ）

2. 企业三年内亏损用税前利润弥补，三年前亏损用税后利润或盈余公积弥补。 （ ）

3. 当以前年度累积的法定盈余公积达到注册资本的 50% 时，企业可以不再提取法定盈余公积。 （ ）

4. 企业提取任意盈余公积应在提取法定盈余公积、优先股分配之后进行。 （ ）

二、单项选择题

1. 企业结转当年发生的净亏损，应当(　　)科目。

A. 借记“本年利润”　　B. 贷记“利润分配—未分配利润”

C. 借记“利润分配—其他转入”　　D. 贷记“本年利润”

2. 企业当年实现净盈利，且(　　)，则当年法定盈余公积不用提取。

A. “利润分配—未分配利润”期初余额在贷方

B. “利润分配—未分配利润”期初余额在借方

C.【年度净利润-“利润分配—未分配利润”年初借方余额】≤0

D.【年度净利润-“利润分配—未分配利润”年初借方余额】>0

3. 年度终了，“利润分配”总分类账户下，有余额的明细分类账户是(　　)。

A. 提取法定盈余公积　　B. 提取任意盈余公积

C. 应付股利　　D. 未分配利润

三、多项选择题

1. 计算本年可供分配的利润时，应考虑的因素包括(　　)等。

A. 本年税后净利　　B. 以前年度累积的未分配利润

C. 尚未弥补的历年累积亏损　　D. 本年提取的法定盈余公积

2. (　　)均不需要单独编制会计分录。

A. 用以前年度未分配利润弥补本年净亏损

B. 将本年净亏损留待以后年度实现的利润弥补

C. 用以前年度盈余公积弥补本年度净亏损

D. 结平“利润分配”有关明细科目

业务题

2025年年初，荣华服饰有限公司“利润分配—未分配利润”年初借方余额95 000元，2025年实现净利润650 000元，请按10%提取法定盈余公积，按累积未分配利润的20%向投资人分配现金股利，并进行相关的账务处理。

业务处理过程记录：

1. 荣华服饰有限公司将2025年实现的净利润转入未分配利润，编制会计分录。

2. 提取法定盈余公积，编制会计分录。

计算：法定盈余公积=

会计分录：

3. 按累积未分配利润20%的比率向投资人分配现金股利，编制会计分录。

计算：应分配现金股利=

会计分录：

4. 结平利润分配有关明细科目，编制会计分录。

5. 计算“利润分配—未分配利润”2025年的年末余额(列出计算过程)。

项目十五 财务会计报告

子项目1　财务会计报告概述

理论题

一、判断题

1. 财务情况说明书也是财务会计报告的重要组成部分。（　）

2. 中期财务报表是以短于一个完整会计年度的报告期间为基础编制的报表。（　）

3. 年度财务报表(简称年报)又称决算报表。（　）

4. 上市公司的年报应于年度终了4个月内对外提供。（　）

5. 中期财报只需提供“四表一注”，不需要提供“应交增值税明细表”。（　）

6. 财务会计报告是企业管理层与投资者、债权人等财务会计报告使用者进行沟通的桥梁和纽带。（　）

二、单项选择题

1. (　　)是财务会计报告的主体和核心。

A. 会计报表　B. 会计报表附注　C. 财务情况说明书　D. 会计分析报告

2. (　　)全面提供公司的生产经营、业务活动情况，分析总结公司的经营业绩，指出公司经营中存在的问题和不足。

A. 会计报表　B. 会计报表附注　C. 财务情况说明书　D. 会计分析报告

3. 下列四表中，属于静态会计报表的是(　　)。

A. 资产负债表　B. 利润表　C. 现金流量表　D. 股东权益变动表

4. 下列报表中，属于单位内部报表的是(　　)。

A. 资产负债表　B. 利润表　C. 现金流量表　D. 主营业务明细表

5. 财务会计报告的目标不包括向报告使用者提供与企业(　　)有关的会计信息。

A. 财务状况　B. 经营成果　C. 现金流量　D. 内部管理

三、多项选择题

1. 财务会计报告是反映单位(　　)的书面文件。

A. 某一特定日期财务状况　B. 某一会计期间经营成果

C. 某一特定日期现金流量　　D. 某一会计期间现金流量

2. 财务会计报告是根据审核无误的(　　)和有关资料编制的。

A. 总分类账账簿记录　　B. 明细分类账账簿记录

C. 日记账账簿记录　　D. 备查账账簿记录

3. (　　)有利于增进会计信息的可理解性，提高会计信息的可比性和突出重要的会计信息。

A. 会计报表附注　　B. 财务情况说明书　　C. 会计报表　　D. 会计账簿记录

4. 企业在编制报表时还应当满足(　　)要求。

A. 数字真实　　B. 计算准确　　C. 内容完整　　D. 报送及时

子项目 2　资产负债表

理论题

一、判断题

1. 资产负债表是反映企业在某一特定日期财务状况的报表，是对企业特定日期的资产、负债和所有者权益的结构性表述。(　　)

2. 我国境内资产负债表一般采用报告式结构。(　　)

3. 如果资产负债表本年度某些项目的名称和内容与上一年度不一致，应按照本年度的规定，对上一年度资产负债表中该项目的名称和金额进行调整，才可填入本年度相对应项目的年初数栏内。(　　)

4. 资产负债表中有些报表项目根据同名总账期末余额直接填列，如应付债券。(　　)

5. 同一合同下的合同负债和合同资产，应以净余额列示。(　　)

二、单项选择题

1. 编制资产负债表的理论依据是(　　)。

A. 有借必有贷，借贷必相等　　B. 资产=负债+所有者权益

C. 收入-费用=利润　　D. 试算平衡

2. 某企业期末固定资产账户余额 100 万元，累计折旧账户余额 20 万元，固定资产减值准备账户余额 10 万元，则同期资产负债表中“固定资产”项目应填(　　)万元。

A. 100　　B. 80　　C. 70　　D. 90

3. 应交税费中明细科目(　　)为贷方余额的，应当根据情况，在“其他流动负债”或“其他非流动负债”项目列示。

A. 未交增值税　　B. 代扣代交增值税

C. 待转销项税额　　D. 转让金融商品应交增值税

4. 既是会计账户名称又是报表项目名称，且以总分类账的期末余额直接填入同名报表项目的有(　　)等。

A. 银行存款　　B. 长期借款　　C. 无形资产　　D. 实收资本

5. 计算资产负债表“存货”金额时，材料成本差异属于“原材料”的(　　)项目。

A. 附加　　B. 备抵　　C. 备抵附加　　D. 无关

三、多项选择题

1. 资产负债表反映企业在某一特定日期(　　)。

A. 所拥有或控制的经济资源　　B. 所承担的未来义务

C. 所有者对资产的要求权　　D. 所有者对净资产的要求权

2. 资产负债表中的“其他应付款”项目应根据(　　)账户的期末余额计算填列。

A. 其他应付款　　B. 应付账款　　C. 应付利息　　D. 应付股利

3. 应在资产负债表“一年内到期的非流动资产”报表项目列报的有(　　)。

A. 一年内到期的长期债权投资　　B. 一年内到期的其他债权投资

C. 一年内可回收的长期应收款　　D. 一年内摊销完毕的长期待摊费用

4. 应在资产负债表“应收账款”报表项目列报的有(　　)。

A. “应收账款—A”(借方余额)　　B. “应收账款—B”(贷方余额)

C. “预收账款—C”(借方余额)　　D. 因应收账款计提的坏账准备

业务题

业务一：

资料 1：久美服饰 2025 年 4 月期末余额试算平衡表如表 15-1 所示。

表 15-1　久美服饰 2025 年 4 月期末余额试算平衡表　　单位：元

账户名称	借或贷	期末余额	账户名称	借或贷	期末余额
库存现金	借	8 000	短期借款	贷	500 000
银行存款	借	2 092 000	应付票据	贷	200 000
其他货币资金	借	40 000	其他应付款	贷	8 000
交易性金融资产	借	450 000	应交税费	贷	95 000
应收票据	借	100 000	应付职工薪酬	贷	43 500
应收账款	借	588 280	应付利息	贷	42 000
坏账准备	贷	58 000	合同负债	贷	264 000
其他应收款	借	5 000	应付账款	贷	145 000
材料采购	借	155 000	长期借款	贷	2 500 000
原材料	借	582 100	实收资本	贷	5 000 000
库存商品	借	493 000	资本公积	贷	576 000

续表

账户名称	借或贷	期末余额	账户名称	借或贷	期末余额
周转材料	借	151 200	盈余公积	贷	380 000
生产成本	借	82 400	本年利润	贷	487 180
债权投资	借	750 000			
长期股权投资	借	800 000	利润分配	贷	660 800
固定资产	借	4 000 000			
累计折旧	贷	696 000			
无形资产	借	1 450 000			
累计摊销	贷	91 500			
合计		10 901 480	合计		10 901 480

资料 2：久美服饰 2025 年 4 月部分明细账资料。

1. 应收账款所属明细账的资料(见表 15-2 和表 15-3)。

表 15-2

明　细　账

第____页

科 目：应收账款　户 名：沪新商厦

25年 月	日	记账凭证 种类	号数	摘要	借方金额（百十万千百十元角分）	核对号	贷方金额（百十万千百十元角分）	借或贷	余额（百十万千百十元角分）
4	24	记	52	应收销售款	65000000			借	65000000
4	30			本月合计	65000000			借	65000000

表 15-3

明　细　账

第____页

科 目：应收账款　户 名：厦金商城

25年 月	日	记账凭证 种类	号数	摘要	借方金额（百十万千百十元角分）	核对号	贷方金额（百十万千百十元角分）	借或贷	余额（百十万千百十元角分）
4	25	记	53	预收货款			10000000	贷	6172000
4	30			本月合计	11300000		10000000	贷	6172000

2. 应交税费所属明细账的资料(见表 15-4 和表 15-5)。

表 15-4

明　细　账

第____页

科 目：应交税费—未交增值税

25年 月	日	记账凭证 种类	号数	摘要	借方金额（百十万千百十元角分）	核对号	贷方金额（百十万千百十元角分）	借或贷	余额（百十万千百十元角分）
4	30	记	95	转出未交			8460000	贷	8460000
4	30			本月合计	11700000		8460000	贷	8460000

表 15-5

明　细　账　　　　第____页

科　目：应交税费—待转销项税额

25年		记账凭证		摘　要	借方金额	核对号	贷方金额	借或贷	余额
月	日	种类	号数		百十万千百十元角分		百十万千百十元角分		百十万千百十元角分
4	19	记	46	预收增值税		✓	195000	贷	104000
4	30			本月合计		✓	195000	贷	104000

备注：预计在一年内会转为“应交税费—应交增值税（销项税额）”

3. 应付账款所属明细账的资料(见表 15-6 和表 15-7)。

表 15-6

明　细　账　　　　第____页

科　目：应付账款　户　名：黄河轻纺

25年		记账凭证		摘　要	借方金额	核对号	贷方金额	借或贷	余额
月	日	种类	号数		百十万千百十元角分		百十万千百十元角分		百十万千百十元角分
4	29	记	58	应付材料款			50000000	贷	22500000
4	30			本月合计			50000000		

表 15-7

明　细　账　　　　第____页

科　目：应付账款　户　名：福塑集团

25年		记账凭证		摘　要	借方金额	核对号	贷方金额	借或贷	余额
月	日	种类	号数		百十万千百十元角分		百十万千百十元角分		百十万千百十元角分
4	29	记	59	预付部分货款			5000000	借	8000000
4	30			本月合计	13000000		5000000		

4. 长期借款所属明细账的资料(见表 15-8 和表 15-9)。

表 15-8

明　细　账　　　　第____页

科　目：长期借款　户　名：建设银行

25年		记账凭证		摘　要	借方金额	核对号	贷方金额	借或贷	余额
月	日	种类	号数		百十万千百十元角分		百十万千百十元角分		百十万千百十元角分
1	1			上年结转				贷	15000000

说明：此笔款项于 2024 年 2 月 25 日借入，期限 3 年

表 15-9

明　细　账　　　　第____页

科　目：长期借款　户　名：建设银行

25年		记账凭证		摘　要	借方金额	核对号	贷方金额	借或贷	余额
月	日	种类	号数		百十万千百十元角分		百十万千百十元角分		百十万千百十元角分
1	1			上年结转				贷	10000000

说明：此笔款项于 2022 年 10 月 30 日借入，期限 3 年

请根据以上资料，在表15-10上填写久美服饰2025年4月份的资产负债表。

业务处理过程记录：

表15-10　资产负债表

会企01表

编制单位：　　　　　　　　2025年4月30日　　　　　　　　单位：元

资　　产	期末余额	上年年末余额	负债和所有者权益（或股东权益）	期末余额	上年年末余额
流动资产：			流动负债：		
货币资金			短期借款		
交易性金融资产			交易性金融负债		
应收票据			应付票据		
应收账款			应付账款		
预付款项			预收款项		
其他应收款			合同负债		
存货			应付职工薪酬		
合同资产			应交税费		
持有待售资产			其他应付款		
一年内到期的非流动资产			一年内到期的非流动负债		
其他流动资产			其他流动负债		
流动资产合计			流动负债合计		
非流动资产：			非流动负债：		
债权投资			长期借款		
其他债权投资			应付债券		
长期应收款			长期应付款		
长期股权投资			其他非流动负债		
其他权益工具投资			非流动负债合计		
其他非流动金融资产			负债合计		
投资性房地产			所有者权益（或股东权益）		
固定资产			实收资本（或股本）		
无形资产			资本公积		
长期待摊费用			盈余公积		
其他非流动资产			未分配利润		
非流动资产合计			所有者权益（或股东权益）合计		
资产总计			权益总计		

子项目3 利　润　表

理论题

一、判断题

1. 利润表是反映企业在某一特定日期盈利或亏损情况的报表。（　）
2. 利润表的格式有单步式和多步式，我国采用多步式。（　）
3. 利润表的“本期金额”，只根据损益类账户本期发生额分析计算填列。（　）
4. 利润表的“税金及附加”项目反映了企业应负担的增值税、消费税等。（　）
5. 利润表的“上期金额”，根据上年同期利润表“本期金额”所列数字填列。（　）

二、单项选择题

1. 编制利润表的理论依据是(　　)。

A. 资产=权益　　B. 收入-费用=利润

C. 试算平衡表中的本期发生额平衡表　　D. 收付实现制

2. 根据同名账户本期借方发生额(结转本年利润前)直接填列的报表项目是(　　)。

A. 营业成本　　B. 营业收入

C. 税金及附加　　D. 财务费用

3. 基本每股收益=(　　)的本期发生额。

A. 归属于全体股东的净利润÷发行在外的总股本加权平均数

B. 归属于普通股股东的净利润÷发行在外的普通股加权平均数

C. 归属于优先股股东的净利润÷发行在外的优先股加权平均数

D. 归属于全体股东的净利润÷发行在外的普通股加权平均数

三、多项选择题

1. 影响利润表“利润总额”项目的有(　　)等。

A. 其他收益　　B. 投资收益

C. 其他综合收益　　D. 公允价值变动收益

2. 结转本年利润前，“管理费用”总账借方余额为 a，“管理费用—研发费用”借方余额为 b(假设该企业没有无形资产摊销)，“财务费用”总账借方余额为 e，“财务费用—利息费用”借方余额为 f。则利润表项目“管理费用”和“财务费用”的数额列报正确的是(　　)。

A. 管理费用=a　　B. 管理费用=a-b

C. 财务费用=e　　D. 财务费用=e-f

业务题

业务一：

资料 1：万和陶瓷（该公司发行在外的普通股 2 000 万股，没有优先股）2025 年 1 月至 2 月的损益类账户资料如表 15-11～表 15-23 所示。

表 15-11

总　账　　　　第____页

科 目：主营业务收入

25年		记账凭证		摘　要	借方金额									核对号	贷方金额									借或贷	余额								
月	日	种类	号数		百	十	万	千	百	十	元	角	分		百	十	万	千	百	十	元	角	分		百	十	万	千	百	十	元	角	分
1	31	汇		汇总过入	5	5	9	4	4	0	0	0	0	√	5	5	9	4	4	0	0	0	0	平							0		
2	28	汇		汇总过入	3	9	4	5	6	8	0	0	0	√	3	9	4	5	6	8	0	0	0	平							0		

表 15-12

总　账　　　　第____页

科 目：其他业务收入

25年		记账凭证		摘　要	借方金额									核对号	贷方金额									借或贷	余额								
月	日	种类	号数		百	十	万	千	百	十	元	角	分		百	十	万	千	百	十	元	角	分		百	十	万	千	百	十	元	角	分
1	31	汇		汇总过入		3	1	8	6	2	0	0	0	√		3	1	8	6	2	0	0	0	平							0		
2	28	汇		汇总过入		2	0	1	2	8	0	0	0	√		2	0	1	2	8	0	0	0	平							0		

表 15-13

总　账　　　　第____页

科 目：主营业务成本

25年		记账凭证		摘　要	借方金额									核对号	贷方金额									借或贷	余额								
月	日	种类	号数		百	十	万	千	百	十	元	角	分		百	十	万	千	百	十	元	角	分		百	十	万	千	百	十	元	角	分
1	31	汇		汇总过入	2	8	5	5	9	5	0	0	0	√	2	8	5	5	9	5	0	0	0	平							0		
2	28	汇		汇总过入	1	9	9	5	9	3	0	0	0	√	1	9	9	5	9	3	0	0	0	平							0		

表 15-14

总　账　　　　第____页

科 目：其他业务成本

25年		记账凭证		摘　要	借方金额									核对号	贷方金额									借或贷	余额								
月	日	种类	号数		百	十	万	千	百	十	元	角	分		百	十	万	千	百	十	元	角	分		百	十	万	千	百	十	元	角	分
1	31	汇		汇总过入		2	1	5	0	0	0	0	0	√		2	1	5	0	0	0	0	0	平							0		
2	28	汇		汇总过入		1	4	0	0	0	0	0	0	√		1	4	0	0	0	0	0	0	平							0		

表 15-15

总 账　　　　第＿页

科 目：税金及附加

25年		记账凭证		摘 要	借方金额									核对号	贷方金额									借或贷	余额								
月	日	种类	号数		百	十	万	千	百	十	元	角	分		百	十	万	千	百	十	元	角	分		百	十	万	千	百	十	元	角	分
1	31	汇		汇总过入		2	5	8	4	0	0	0	0	√		2	5	8	4	0	0	0	0	平							0		
2	28	汇		汇总过入		1	8	0	5	0	0	0	0	√		1	8	0	5	0	0	0	0	平							0		

表 15-16

总 账　　　　第＿页

科 目：销售费用

25年		记账凭证		摘 要	借方金额									核对号	贷方金额									借或贷	余额								
月	日	种类	号数		百	十	万	千	百	十	元	角	分		百	十	万	千	百	十	元	角	分		百	十	万	千	百	十	元	角	分
1	31	汇		汇总过入		7	3	5	0	0	0	0	0	√		7	3	5	0	0	0	0	0	平							0		
2	28	汇		汇总过入		3	9	0	0	0	0	0	0	√		3	9	0	0	0	0	0	0	平							0		

表 15-17

总 账　　　　第＿页

科 目：管理费用

25年		记账凭证		摘 要	借方金额									核对号	贷方金额									借或贷	余额								
月	日	种类	号数		百	十	万	千	百	十	元	角	分		百	十	万	千	百	十	元	角	分		百	十	万	千	百	十	元	角	分
1	31	汇		汇总过入		5	2	8	4	0	0	0	0	√		5	2	8	4	0	0	0	0	平							0		
2	28	汇		汇总过入		5	2	8	4	0	0	0	0	√		5	2	8	4	0	0	0	0	平							0		

其中：1 月份研发费用 62 250 元；2 月份研发费用 69 300 元

表 15-18

总 账　　　　第＿页

科 目：财务费用

25年		记账凭证		摘 要	借方金额									核对号	贷方金额									借或贷	余额								
月	日	种类	号数		百	十	万	千	百	十	元	角	分		百	十	万	千	百	十	元	角	分		百	十	万	千	百	十	元	角	分
1	31	汇		汇总过入		1	8	8	0	0	0	0	0	√		1	8	8	0	0	0	0	0	平							0		
2	28	汇		汇总过入		1	8	4	0	0	0	0	0	√		1	8	4	0	0	0	0	0	平							0		

其中：1 月利息费用 138 450 元，利息收入 4 800 元；2 月利息费用 138 450 元，利息收入 4 950 元

表 15-19

总 账　　　　第＿页

科 目：投资收益

25年		记账凭证		摘 要	借方金额									核对号	贷方金额									借或贷	余额								
月	日	种类	号数		百	十	万	千	百	十	元	角	分		百	十	万	千	百	十	元	角	分		百	十	万	千	百	十	元	角	分
2	28	汇		汇总过入		2	0	0	0	0	0	0	0	√		2	0	0	0	0	0	0	0	平							0		

注：1 月没有发生额，2 月为投资亏损

表 15-20

总 账 第____页

科 目：资产处置损益

25年		记账凭证		摘要	借方金额									核对号	贷方金额									借或贷	余额								
月	日	种类	号数		百	十	万	千	百	十	元	角	分		百	十	万	千	百	十	元	角	分		百	十	万	千	百	十	元	角	分
2	28	汇		汇总过入			3	4	0	0	0	0	0	√			3	4	0	0	0	0	0	平							0		

注：2月份企业出售不需要用的固定资产，获净收益 34 000 元

表 15-21

总 账 第____页

科 目：营业外收入

25年		记账凭证		摘要	借方金额									核对号	贷方金额									借或贷	余额								
月	日	种类	号数		百	十	万	千	百	十	元	角	分		百	十	万	千	百	十	元	角	分		百	十	万	千	百	十	元	角	分
2	28	汇		汇总过入			5	0	0	0	0	0	0	√			5	0	0	0	0	0	0	平							0		

注：1月份没有发生额

表 15-22

总 账 第____页

科 目：营业外支出

25年		记账凭证		摘要	借方金额									核对号	贷方金额									借或贷	余额								
月	日	种类	号数		百	十	万	千	百	十	元	角	分		百	十	万	千	百	十	元	角	分		百	十	万	千	百	十	元	角	分
1	31	汇		汇总过入			3	0	0	0	0	0	0	√			3	0	0	0	0	0	0	平							0		
2	28	汇		汇总过入			1	0	0	0	0	0	0	√			1	0	0	0	0	0	0	平							0		

表 15-23

总 账 第____页

科 目：所得税费用

25年		记账凭证		摘要	借方金额									核对号	贷方金额									借或贷	余额								
月	日	种类	号数		百	十	万	千	百	十	元	角	分		百	十	万	千	百	十	元	角	分		百	十	万	千	百	十	元	角	分
1	31	汇		汇总过入		2	8	3	2	6	7	5	0	√		2	8	3	2	6	7	5	0	平							0		
2	28	汇		汇总过入		1	5	3	1	3	2	5	0	√		1	5	3	1	3	2	5	0	平							0		

要求：

1. 根据万和陶瓷 2025 年 1—2 月的损益类账户及相关资料，编制该公司 2025 年 1—2 月损益类账户累计发生额(表 15-24)。

2. 根据万和陶瓷 2025 年 1—2 月的损益类账户累计发生额(见表 15-24)，并在对其进行分析的基础上，在表 15-25 上填列该公司 2025 年 2 月份利润表。

业务处理过程记录：

表 15-24　万和陶瓷 2025 年 1—2 月损益类账户累计发生额　　单位：元

账户名称	借方 累计发生额	贷方 累计发生额	账户名称	借方 累计发生额	贷方 累计发生额
主营业务收入			财务费用 其中：利息费用 　　　利息收入		
其他业务收入					
主营业务成本					
其他业务成本			投资收益		
税金及附加			资产处置收益		
销售费用			营业外收入		
管理费用 其中：研发费用			营业外支出		
			所得税费用		

表 15-25　利润表(简表)

会企 02 表

编制单位：　　　　　　　　年　月　　　　　　　　单位：元

项　　目	本期金额	上期金额
一、营业收入		
减：营业成本		
税金及附加		
销售费用		
管理费用		
研发费用		
财务费用		
其中：利息费用		
利息收入		
加：其他收益		
投资收益(损失以“-”号填列)		
其中：对联营企业和合营企业的投资收益		
以摊余成本计量的金融资产终止确认收益(损失以“-”号填列)		
净敞口套期收益(损失以“-”号填列)		
公允价值变动收益(损失以“-”号填列)		
资产减值损失(损失以“-”号填列)		
信用减值损失(损失以“-”号填列)		
资产处置收益(损失以“-”号填列)		
二、营业利润		
加：营业外收入		
减：营业外支出		

续表

项　　目	本期金额	上期金额
三、利润总额(亏损总额以"–"号填列)		
减：所得税费用		
四、净利润(净亏损以"–"号填列)		
(一) 持续经营净利润(净亏损以"–"号填列)		
(二) 终止经营净利润(净亏损以"–"号填列)		
五、其他综合收益的税后净额		
六、综合收益总额		
七、每股收益		
(一) 基本每股收益		
(二) 稀释每股收益		

子项目 4　现金流量表

理论题

一、判断题

1. 现金流量表是以现金为基础编制的反映企业库存现金来源和运用的财务报表。(　　)

2.《企业会计准则——基本准则》规定：现金流量表采用直接法编制，但同时要求在附注中披露用间接法计算的经营活动现金流量。(　　)

3. 处置子公司收到的现金属于"收回投资所收到的现金"。(　　)

4. 现金及现金等价物的期末余额应与企业期末全部货币资金以及现金等价物的合计余额相等。(　　)

5. 间接法是以企业本期净利润为起算点，调整有关项目，将以权责发生制为基础的净利润调整为以收付实现制为基础计算的经营活动的现金流量净值。(　　)

二、单项选择题

1. 现金流量表本质是向财务报告使用者提供一份以(　　)为基础编制的会计报表。

A. 收付发生制　　B. 权责实现制　　C. 应收应付制　　D. 应计制

2. 采用直接法编制现金流量表一般以利润表中的(　　)为起点。

A. 主营业务收入　　B. 营业收入　　C. 利润总额　　D. 净利润

3. 购建固定资产、无形资产和其他长期资产所付现金，属于(　　)的现金流量。

A. 经营活动所产生　　B. 投资活动所产生　　C. 筹资活动所产生　　D. 其他活动所产生

4. 现金流量表中"取得投资收益所收到的现金"等于利润表(　　)。

A. 所列投资收益

B. 所列投资收益-应收股利(期末数-期初数)
C. 所列投资收益-应收利息(期末数-期初数)-应收股利(期末数-期初数)
D. 所列投资收益-应收利息(期初数-期末数)-应收股利(期初数-期末数)

三、多项选择题

1. 现金流量表中的现金包括(　　)等。
A. 货币资金　　B. 现金等价物　　C. 流动资金　　D. 自有资金
2. 现金流量表的基本资料包括(　　)。
A. 经营活动产生的现金流量
B. 投资活动产生的现金流量
C. 筹资活动产生的现金流量
D. 一定期间影响资产或负债，但不形成该期现金收支的所有投资和筹资活动信息
3. (　　)属于收到的其他与经营活动有关的现金。
A. 销售商品收到的现金　　B. 本期转回多提取的坏账准备
C. 罚款收到的现金　　D. 银行存款利息收入

业务题

资料 1：著龙服饰 2025 年 8 月份银行存款日记账如表 15-26 所示。

表 15-26

银行存款日记账

25年 月	25年 日	凭证号数	摘要	借方金额（百十万千百十元角分）	核对	贷方金额（百十万千百十元角分）	核对	余额（百十万千百十元角分）	核对
			期初余额					32000000	
8	2	银收 1	销售男女内裤	25000000	✓			57000000	
8	3	银付 1	支付水费			10000000	✓	56000000	
8	4	银付 2	购买生产设备			18000000	✓	38000000	
8	5	银付 3	支付职工工资			16000000	✓	22000000	
8	6	银付 4	从银行提取现金			5000000	✓	21500000	
8	10	银收 2	销售男女泳装	8400000	✓			29900000	
8	15	银付 5	上交本月增值税			4000000	✓	25900000	
8	18	银收 3	从兴业银行借款	50000000	✓			75900000	
8	25	银付 6	购买长期股权			38000000	✓	37900000	
8	27	银付 7	付材料款			23000000	✓	14900000	
8	29	银收 4	收到税收返还款	1200000				16100000	
8	31	银付 8	付本月通信费			800000	✓	15300000	
			本月合计	84600000		101300000		15300000	

资料 2：著龙服饰 2025 年 8 月份库存现金日记账，如表 15-27 所示。

表 15-27

库存现金日记账

25 年		凭证	摘　要	借方金额									核	贷方金额									核	余额									核
月	日	号数		百	十	万	千	百	十	元	角	分	对	百	十	万	千	百	十	元	角	分	对	百	十	万	千	百	十	元	角	分	对
			期初余额																								8	0	0	0	0	0	
8	2	现付1	预借差旅费										√				4	0	0	0	0	0					4	0	0	0	0	0	
8	6	银付4	从银行提取现金				5	0	0	0	0	0											√				9	0	0	0	0	0	
8	11	现付2	付职工困难补助										√				2	5	0	0	0	0					6	5	0	0	0	0	
8	14	现付3	购买办公用品										√					8	0	0	0	0					5	7	0	0	0	0	
8	21	现收1	售报废办公设备					4	0	0	0	0															6	1	0	0	0	0	
8	31	现付4	支付夜班餐补										√				1	0	0	0	0	0					5	1	0	0	0	0	
			本月合计				5	4	0	0	0	0					8	3	0	0	0	0					5	1	0	0	0	0	

根据以上资料编制著龙服饰 2020 年 8 月份的现金流量表(表 15-28)。

表 15-28　现 金 流 量 表

会企 03 表

编制单位：　　　　　　　　　　　　年　月　　　　　　　　　　　　单位：万元

项　　目	行次	金 额
一、经营活动产生的现金流量		
销售商品、提供劳务收到的现金		
收到的税费返还		
收到的其他与经营活动有关的现金		
现金流入小计		
购买商品、接受劳务支付的现金		
支付给职工以及为职工支付的现金		
支付的各种税费		
支付的其他与经营活动有关的现金		
现金流出小计		
经营活动产生的现金流量净额		
二、投资活动产生的现金流量		
收回投资所收到的现金		
取得投资收益所收到的现金		
处置固定资产、无形资产和其他长期资产收回现金净额		
收到其他与投资活动有关的现金		

续表

项　　目	行次	金额
现金流入小计		
购建固定资产、无形资产和其他长期资产所支付的现金		
投资所支付的现金		
支付其他与投资活动有关的现金		
现金流出小计		
投资活动产生的现金流量净额		
三、筹资活动产生的现金流量		
吸收投资所收到的现金		
借款所收到的现金		
收到的其他与筹资活动有关的现金		
现金流入小计		
偿还债务所支付的现金		
分配股利、利润所支付的现金		
支付的其他与筹资活动有关的现金		
现金流出小计		
筹资活动产生的现金流量净额		
四、汇率变动对现金的影响		
五、现金及现金等价物净增加额		
加：期初现金及现金等价物余额		
六、期末现金及现金等价物余额		

子项目 5　所有者权益变动表

理论题

一、判断题

1. 所有者权益(股东权益)变动表是反映构成所有者权益的各组成部分当期增减变动情况的报表。（　　）

2. 所有者权益(股东权益)变动表是对利润表的补充，进一步反映一定时期内所有者权益总额的增减变动情况及其内部结构变动情况。（　　）

3. 追溯重述法是指在发现前期差错时，视同该项差错从未发生过，从而对财务报表的相关项目进行更正的方法。（　　）

4. “会计政策变更”项目，反映企业采用追溯重述法处理的会计政策变更的累积影响金额。（　　）

二、单项选择题

1. 所有者权益（或股东权益）变动表为（　　）。
A. 纵横交叉的矩阵式结构　　B. 报告式（纵向）结构
C. 账户式结构　　D. 多步式结构
2. 本年年初余额=上年年末余额±（　　）。
A. 本年会计政策变更
B. 前期差错更正
C. 本年会计政策变更±前期差错更正
D. 本年会计政策变更±前期差错更正±其他变动
3. 计算“所有者权益（或股东权益）合计”时，应作为抵减项目的是（　　）。
A. 实收资本（或股本）　　B. 其他权益工具
C. 库存股　　D. 专项储备

三、多项选择题

1. 前期差错通常包括计算错误以及（　　）。
A. 应用会计政策错误　　B. 疏忽或曲解事实
C. 舞弊产生的影响　　D. 固定资产盘盈
2. “所有者权益内部结转”项目，包括（　　）。
A. 资本公积转增资本　　B. 盈余公积弥补亏损
C. 设定受益计划变动额结转留存收益　　D. 其他综合收益结转留存收益

业务题

2025年年初厦门科技股份有限公司所有者权益（或股东权益）总额8 900万元，其中：实收资本（或股本）4 700万元，资本公积1 000万元，盈余公积2 000万元，未分配利润1 200万元。当年该企业实现综合收益总额800万元，提取盈余公积80万元，用资本公积转增资本500万元，向所有股东分配现金股利120万元，不考虑其他因素，请计算该企业2025年度“所有者权益（或股东权益）变动表”中“本年年末余额”列报项目“实收资本（或股本）”“资本公积”“盈余公积”“未分配利润”“所有者权益合计”的金额。

业务处理过程记录：

2025年度“所有者权益（或股东权益）变动表”中“本年年末余额”列报项目：

1. 实收资本（或股本）=
2. 资本公积=
3. 盈余公积=

4. 未分配利润=

5. 所有者权益合计=

子项目6　财务报表附注

理论题

一、判断题

1. 会计报表附注就是会计报表的重要组成部分，是对会计报表的编制基础、编制原理和编制方法以及主要项目等所作的解释和进一步说明。（　　）

2. 尾注说明是附注编制的主要形式，适用于说明内容较多的项目。（　　）

3. 对报表重要项目，企业应采用文字和数字描述相结合的方式在附注中披露。（　　）

4. 无法列入会计报表主体中的详细数据、分析资料，说明其不重要，企业不必在附注中另行说明。（　　）

二、单项选择题

1. 在附注中揭示关联方的关系和交易，应当采用(　　)。

A. 尾注说明　B. 括号说明　C. 脚注说明　D. 补充说明

2. 在附注中说明已贴现的商业承兑汇票，应当采用(　　)。

A. 尾注说明　B. 括号说明　C. 脚注说明　D. 补充说明

3. 会计报表附注的主要内容不包括(　　)。

A. 企业的一般情况　B. 财务报表的编制基础

C. 遵循《企业会计准则》的声明　D. 会计报表编制人员信息

三、多项选择题

1. 会计报表附注编制形式灵活多样，常用的形式有尾注说明以及(　　)。

A. 括号说明　B. 设立备抵与附加账户

C. 脚注说明　D. 补充说明

2. 财务报告使用者通过附注，可以了解企业(　　)等信息，从而加深对财务报表主表的理解。

A. 重要会计政策及其确定依据

B. 未在报表中列示的项目的详细信息

C. 在会计估计中所采用的关键假设和不确定因素

D. 财务报表项目的计量基础

财务会计综合练习(一)

理论题

一、判断题(20 小题，对√错×，每正确判断 1 小题可得 1 分)

1. 财务会计是通过对企业已完成的资金运动进行全面系统的核算与监督，生成与企业财务状况、经营成果、现金流量有关的会计信息，提供给与企业有经济利害关系的外部使用者使用的经济管理活动。（　　）

2. 货币资金就是企业的货币性资产。（　　）

3. 企业账户不得代其他单位或个人存取现金，企业不得外借或出租银行账户。（　　）

4. 备用金是企业为内部各单位或个人准备的货币资金，以满足这些部门或个人日常零星开支或出差等业务的需要，备用金分为一次报销制和定额备用制。（　　）

5. 若合同中存在可变对价，企业应当按照期望值或最可能发生金额确定可变对价的最佳估计数，并且可以在这两种方法之间随意进行选择。（　　）

6. 如果固定资产计提了减值准备，应在扣除了减值准备后再提取折旧。（　　）

7. 小企业盘盈固定资产应通过“以前年度损益调整”科目进行会计核算。（　　）

8. 某项无形资产超过法律保护期限，但保有部分使用价值，不提取减值准备。（　　）

9. 当流动负债产生时，一般按未来应付金额(或面值)来计量流动负债。（　　）

10. 企业转让商标权、商誉时应贷记“无形资产”。（　　）

11. 专项应付款是由政府作为企业所有者投入的具有专项或特定用途的款项。（　　）

12. 资本公积如果是由某一投资者带来的，则由某一投资者独享。（　　）

13. 期间费用是不能直接归属于某个特定产品成本的费用，但容易确定其发生期间，可从当期损益中直接扣除。（　　）

14. 采用先进先出法，库存材料成本与市场价格更接近。（　　）

15. 采用账面盘存制的企业，财产物资不需要实地盘点。（　　）

16. 库存股是股票发行公司通过各种方式重新获得已公开发行的股票，可注销或再行出售，但库存股没有投票权，不能列为企业的资产。（　　）

17. 资产负债表本年度某些项目的名称和内容与上年度不一致的，应按上年度规定调整本年度资产负债表中该项目的名称和金额。（　　）

18. 编制资产负债表的理论依据是会计等式“资产=负债+所有者权益”。（　　）

19. 所有者权益是指所有者在企业资产中享有的经济利益，其金额表现为企业资产总额减去负债总额后的余额，即企业的净资产。（　　）

20. 通过附注与报表的相互参照，财务报表使用者可以全面了解企业的财务状况、经营成果、现金流量和所有者权益的情况。（　　）

二、单项选择题（20小题，每选对1小题可得2分）

1. （　　）侧重于从财务会计报告中了解企业的获利能力和偿债能力，作为判断债权是否安全、是否要提前收回贷款、是否继续贷款以及是否调整贷款额度的参考。

A. 投资人　B. 债权人　C. 债务人　D. 企业董事及监事

2. 多数情况下交易或事项的经济实质和法律形式（　　）。

A. 是一致的，但也有不一致的时候，这时就应当以经济实质进行确认、计量和报告

B. 是不一致的，这时就应当以经济实质进行确认、计量和报告

C. 是一致的，但也有不一致的时候，这时就应当以法律形式进行确认、计量和报告

D. 是不一致的，这时就应当以经济实质进行确认、计量和报告

3. 小规模纳税人灵发公司购入B材料一批，总价50 000元，增值税6 500元，对方代垫运费1 000元，入库后挑选整理费500元，则本次B材料入账总额是（　　）。

A. 51 000元　B. 51 500元　C. 57 500元　D. 58 000元

4. 其他货币资金不包括（　　）。

A. 银行本票存款　B. 银行汇票存款　C. 商业承兑汇票　D. 在途资金

5. 应收账款承担的主要风险是（　　）。

A. 履约风险　B. 信用风险

C. 履约风险和信用风险　D. 其他风险

6. 企业存货存在（　　）情况时，应当将存货的账面价值全部确认为跌价准备。

A. 各种原因造成存货市价持续下跌，在可预见的未来没有回升可能

B. 使用该存货制造商品，商品的售价低于商品的生产成本

C. 现有存货不能满足新产品的生产需求，其市场销售价又低于其账面价值

D. 虽没过期，但该存货已没有使用价值和转让价值

7. 关于无形资产的摊销，表述错误的有（　　）。

A. 无形资产应自取得的次月起进行摊销，但需要摊销的仅使用寿命有限的那部分

B. 使用寿命不确定的无形资产不应摊销，但至少应在每年年末进行减值测试

C. 无形资产应摊销金额是其成本扣除预计残值和已经提取的减值准备后的金额

D. 无形资产一般采用直线法进行摊销

8. 企业应设置（　　），对以公允价值计量且变动计入其他综合收益的股权性投资进行会计核算。

A. 交易性金融资产　B. 其他债权投资

C. 债权投资　D. 其他权益工具投资

9. 下列项目，可以确认为企业存货的是（　　）。

A. 服装厂办公人员坐的小车　B. 车行待售的车

C. 商场运货的小车　D. 计算机企业办公人员使用的计算机

10. 同一控制下的企业合并，且以存货作为合并对价的，应当以存货的(　　)确认计量基础。

A. 成本价格　　B. 公允价值　　C. 可变现净值　　D. 重置价值

11. 企业结转出售固定资产净收益，应贷记(　　)账户。

A. 资产处置收益　　B. 资产处置损益　　C. 营业外收入　　D. 固定资产

12. 七彩印染厂 2025 年 12 月 29 日转账购入一批非转基因大豆油作为元旦福利发放给全体职工，商品购买价 50 000 元，增值税 6 500 元，应借记(　　)元。

A. 营业外支出 50 000　　B. 应付职工薪酬—非货币性福利 50 000

C. 营业外支出 56 500　　D. 应付职工薪酬—非货币性福利 56 500

13. 持有待售资产是指企业准备在一年内出售的(　　)。

A. 流动资产或资产组　　B. 非流动资产或资产组

C. 固定资产或无形资产　　D. 金融资产

14. 企业收购一家合伙企业，应借记(　　)账户。

A. 长期股权投资　　B. 其他流动资产　　C. 其他非流动资产　　D. 交易性金融资产

15. 自用房产(或房产存货)转为公允价值模式计量的投资性房产，公允价值若小于账面价值，其差额则借记(　　)账户。

A. 公允价值变动损益　　B. 资本公积—其他资本公积

C. 公允价值变动收益　　D. 其他综合收益

16. 暂时性差异项目是企业的(　　)。

A. 非广告性赞助支出　　B. 工资中超过支出标准部分

C. 购买国债利息收入　　D. 累计折旧

17. 转入"本年利润"前，可能是借方余额，也可能是贷方余额的是(　　)。

A. 营业外收入　　B. 营业外支出

C. 资产减值损失　　D. 公允价值变动损益

18. 资产负债表中，不是根据总账账户期末贷方余额直接填列的有(　　)。

A. 应付票据　　B. 应付债券　　C. 短期借款　　D. 实收资本

19. 企业根据收付实现制编制的报表是(　　)。

A. 资产负债表　　B. 所有者权益变动表

C. 现金流量表　　D. 管理费用明细表

20. 下列属于投资活动所产生的现金流量是(　　)。

A. 销售商品、提供劳务收到的现金

B. 收到税收返还款

C. 支付职工薪酬以及为职工支付的现金

D. 处置固定资产、无形资产和其他长期资产收回现金净额

三、多项选择题(10 小题，每选对 1 小题可得 3 分)

1. (　　)和相关性均属于会计信息的首要质量要求。

A. 可靠性　　B. 可比性　　C. 可理解性　　D. 谨慎性

2. 企业的货币性资产包括企业持有的货币资金和将以固定或可确定的金额收取的资产如(　　)等。

A. 应收账款　　B. 应收票据

C. 其他应收款　　D. 准备持有至到期的债券投资

3. 用于储存和保管存货而不对外出售的包装物，应按其使用年限的长短和价值的大小分别在(　　)账户进行核算。

A. 库存商品　　B. 固定资产

C. 原材料　　D. 周转材料—低值易耗品

4. 金融资产的风险包括(　　)等。

A. 金融市场风险　　B. 信用风险　　C. 流动性风险　　D. 操作风险

5. 使用权资产的核算范围包括(　　)等。

A. 经营租赁取得的使用权资产

B. 融资租赁取得的使用权资产

C. 在厦门会展中心租赁一个标准展位，月租 2 万元，租期 3 个月

D. 租入为期三年，年租金为 8 900 元的高档办公桌一套

6. 城市维护建设税和教育费附加是以企业实际缴纳的(　　)为计税依据。

A. 房产税　　B. 消费税　　C. 增值税　　D. 城镇土地使用税

7. 企业收入的确认与计量，其基本过程包括(　　)等步骤。

A. 识别与客户订立的合同

B. 识别合同中的单项履约义务

C. 确定交易价格，将交易价格分摊至各单项履约义务

D. 履行各单项履约义务时确认收入

8. 所有者权益通常由实收资本(或股本)以及(　　)等构成。

A. 其他权益工具　　B. 资本公积　　C. 其他综合收益　　D. 留存收益

9. 利润是企业在一定会计期间的经营成果，包括(　　)。

A. 收入减去费用后的净额　　B. 利得和损失

C. 直接计入当期利润的利得和损失　　D. 直接计入所有者权益的利得和损失

10. 一张完整的国家资产负债表一般由(　　)的子表构成，显示了一个国家在某一时点的“家底”。

A. 政府　　B. 居民　　C. 企业　　D. 金融机构

业务题

业务一：(本题总共 50 分)

著成服饰 2025 年 12 月下旬有关银行存款的业务如下：(以文字形式展现)

提示：本公司至 12 月 20 日止，银行收款凭证编到 13 号，银行付款凭证编到 10 号，请

按时间顺序继续给本月下旬的银行收款凭证、银行付款凭证编号。

(1) 本公司上月预收太和公司采购定金 3 万元，本月 21 日，太和公司因无法按时交付材料，承担全部违约责任，以信汇方式双倍归还本公司上月所付定金。

提示：信汇凭证号为 927013。

(2) 本月 23 日，为拓展销售市场，企业招待各地销售商，以转账支票付餐费 3 000 元。

提示：转账支票号为 001988。

(3) 本月 25 日，企业以融资租赁方式购进一台生产设备，买价 36 万元，增值税 4.68 万元，价款分三次支付，购进时付 1/3，满一年再付 1/3，满二年付完剩余的 1/3，租赁付款额的现值为 346 332 元。财务通过电汇将增值税和首期租赁款支付完毕。

提示：电汇凭证号为 935401。

(4) 本月 28 日，开出现金支票，从银行提取现金 1 000 元，以备零星之需。

提示：现金支票号为 182956。

(5) 本月 31 日，收到本地客户天海商城开来的转账支票，归还所欠货款 18 720 元。

提示：转账支票号为 002175。

(6) 本月 31 日，出纳开出现金支票，支付明年书报杂志费 3 600 元。

提示：现金支票号为 187477。

业务处理过程记录：

(一) 编制记账凭证(以会计分录代替，每对一个分录得 3 分)

1. 根据业务一中(1)编制“银行收款凭证 14 号(简称银收 14)”。

2. 根据业务一中(2)编制“银行付款凭证 11 号(简称银付 11)”。

3. 根据业务一中(3)编制“银行付款凭证 12 号(简称银付 12)”。

4. 根据业务一中(4)编制“银行付款凭证 13 号(简称银付 13)”。

5. 根据业务一中(5)编制“银行收款凭证 15 号(简称银收 15)”。

6. 根据业务一中(6)编制“银行付款凭证 14 号(简称银付 14)”。

(二) 根据(1)~(6)的银行收、付款凭证，在表 16-1 上登记银行存款日记账。(总共 15 分，每错一处扣 0.5 分，扣完为止)

表 16-1

银行存款日记账

25年		凭证	结算	摘要	借方金额									核	贷方金额									核	结存									核
月	日	号数	方式		百	十	万	千	百	十	元	角	分	对	百	十	万	千	百	十	元	角	分	对	百	十	万	千	百	十	元	角	分	对
12	20		略	略																					1	0	0	5	0	8	0	0	0	
12	21																																	
12	23																																	
12	25																																	
12	28																																	
12	31																																	
12	31																																	

(三) 确认银行存款日记账登记无误后，与银行存款对账单(见表 16-2)核对，寻找未达账项。(总共 4 分，找对一个得 1 分)

表 16-2

银行存款对账单

25年		结算凭证号码	摘要	借方金额									贷方金额									余额								
月	日			百	十	万	千	百	十	元	角	分	百	十	万	千	百	十	元	角	分	百	十	万	千	百	十	元	角	分
12	20	略	略																			1	0	0	5	0	8	0	0	0
12	21	信汇凭证 927013	归还双倍定金												6	0	0	0	0	0	0	1	0	6	5	0	8	0	0	0
12	23	转账支票 001988	付招待餐费				3	0	0	0	0	0										1	0	6	2	0	8	0	0	0
12	25	电汇凭证 935401	付税及租金		1	6	6	8	0	0	0	0											8	9	5	2	8	0	0	0
12	28	现金支票 182956	提取现金				1	0	0	0	0	0											8	9	4	2	8	0	0	0
12	31	委托收款 500513	支付水费				1	1	0	0	0	0											8	9	3	1	8	0	0	0
12	31	电汇凭证 715906	预收货款												4	0	0	0	0	0	0		9	3	3	1	8	0	0	0

中国工商银行晋江支行金井营业部 2025 年 12 月 31 日

企业未达账项有：

银行未达账项有：

（四）编制银行存款余额调节表(表 16-3)(总共 13 分，每错一处扣 1 分)

表 16-3

银行存款余额调节表

银行账号：——　　年　月　日　　币种：人民币

银行对账单	金额									银行存款日记账	金额								
	百	十	万	千	百	十	元	角	分		百	十	万	千	百	十	元	角	分
调节前的余额										调节前的余额									
加：										加：									
减：										减：									
调节后的余额										调节后的余额									

会 计：杨佳兴　　出 纳：黄洋洋

业务二：(本题总共 9 分)

2025 年华立公司资产负债表日，持有 6 英寸 5G 智能手机 10 000 台，其中 6 000 台已订有销售合同，每台合同价 3 800 元，市场销售价 3 880 元，销售一台 6 英寸 5G 智能手机的销售费用及税金合计 30 元，请计算 2025 年资产负债表日，华立公司 10 000 台 6 英寸 5G 智能手机的可变现净值。(列出计算过程，每算对一个结果得 3 分)

业务处理过程记录：

1. 签订销售合同的 6 000 台 6 英寸 5G 智能手机的可变现净值 =

2. 未签销售合同的 4 000 台 6 英寸 5G 智能手机的可变现净值 =

3. 全部 10 000 台 6 英寸 5G 智能手机的可变现净值 =

业务三：(本题总共 16 分)

2025 年 12 月 31 日，九寨女装股份有限公司存货的实际成本低于可变现净值，并且估计短期内没有回升的可能。公司决定提取跌价准备，有关原始凭证如表 16-4 所示。

表 16-4

存货减值准备提取表

2025 年 12 月 31 日

名称规格	计量单位	数量①	可变现单价②	预计费用和税金③	可变现净值④=①×②-③	实际成本⑤	应提存货减值准备⑥=④-⑤	审批
里布	码	6 000	4. 50	500	26 500	28 000		财务经理：同意 许海
拉链	米	5 000	2. 40	300	11 700	15 000		单位负责人 同意 在白印九
……	……	……	……	……	……	……	……	
合计				3 500	183 900	198 500	-14 600	

审核：留飞燕　　　　制表：白闽纳

业务处理过程记录：

1. 跌价准备金额。（每算对一个金额得 2 分）

里布应提的减值准备=

拉链应提的减值准备=

2. 编制提取跌价准备的会计分录。（会计分录完全正确得 3 分）

3. 已提取跌价准备的里布出售。

（1）编制结转已销里布成本的会计分录。（会计分录完全正确得 3 分）

（2）编制冲减已提的存货跌价准备的会计分录。（会计分录完全正确得 3 分）

4. 2026 年年末，已提取跌价准备的拉链每米涨价至 4 元，计算拉链应转回已提取跌价准备的金额并编制会计分录。（会计分录完全正确得 3 分）

业务四：(本题总共 35 分)

银景股份有限公司 2025 年 1—3 月损益类账户累计发生额见表 16-5。

表 16-5　银景股份有限公司 2025 年 1—3 月损益类账户累计发生额

账户名称	借方累计发生额	贷方累计发生额	账户名称	借方累计发生额	贷方累计发生额
主营业务收入	9 630 000	9 630 000	财务费用	189 000	189 000
其他业务收入	425 000	425 000	其中：利息费用	75 000	75 000
主营业务成本	5 200 000	5 200 000	利息收入	298 000	298 000
其他业务成本	240 000	240 000	投资收益	200 000	200 000
税金及附加	383 000	383 000	资产处置收益	34 000	34 000
销售费用	988 000	988 000	营业外收入	18 000	18 000
管理费用	967 000	967 000	营业外支出	30 000	30 000
其中：研发费用	146 000	146 000			

补充资料：

1. 银景股份有限公司发行在外的普通股 2 000 万股。

2. 银景股份有限公司 1—3 月的财务费用结转本年利润前为贷方余额。

3. 银景股份有限公司 1—3 月为投资净收益，其中有 100 000 元投资收益来源于国债利息。

3. 银景股份有限公司 1—3 月资产处置为净损失。

4. 银景股份有限公司 1—3 月的营业外支出中有 20 000 元为漏算应交增值税的罚款。

根据表 16-5 及以上资料，计算银景股份有限公司 2025 年 1—3 月的所得税费用，并编制银景股份有限公司 2025 年 1—3 月的利润表(表 16-6)。

业务处理过程记录：

1. 计算所得税费用(列出计算过程)。

(1) 营业利润(2 分)=

(2) 利润总额(1 分)=

(3) 应纳税所得额(3 分)=

(4) 所得税费用(2 分)=

2. 编制1—3月的利润表(27分)。

表16-6 利润表(简表)

会企02表

编制单位： 年 月 单位：元

项 目	本期金额	上期金额
一、营业收入(1分)		略
减：营业成本(1分)		
税金及附加(1分)		
销售费用(1分)		
管理费用(2分)		
研发费用(1分)		
财务费用(2分)		
其中：利息费用(1分)		
利息收入(1分)		
加：其他收益		
投资收益(损失以“-”号填列)(2分)		
其中：对联营企业和合营企业的投资收益		
以摊余成本计量的金融资产终止确认收益(损失以“-”号填列)		
净敞口套期收益(损失以“-”号填列)		
公允价值变动收益(损失以“-”号填列)		
资产减值损失(损失以“-”号填列)		
信用减值损失(损失以“-”号填列)		
资产处置收益(损失以“-”号填列)(1分)		
二、营业利润(1分)		
加：营业外收入(1分)		
减：营业外支出(1分)		
三、利润总额(亏损总额以“-”号填列)(1分)		
减：所得税费用(1分)		
四、净利润(净亏损以“-”号填列)(2分)		
(一)持续经营净利润(净亏损以“-”号填列)		
(二)终止经营净利润(净亏损以“-”号填列)		
五、其他综合收益的税后净额		
六、综合收益总额(2分)		
七、每股收益(2分)		
(一)基本每股收益(1分)		
(二)稀释每股收益(1分)		

财务会计综合练习(二)

理论题

一、判断题(20 小题，对√错×，每正确判断 1 小题可得 1 分)

1. 财务会计侧重于满足企业外部有关方面的决策需要，对外提供财务报告，也称对外报告会计。（　　）

2. 不同企业发生的相同或者相似的交易事项，应当采用一致的会计政策，确保会计信息口径一致，相互可比。（　　）

3. 企业可从现金收入中直接支付现金，收入不够支付部分，才从银行提取。（　　）

4. 商业折扣对应收账款的入账价值没有影响，交易双方均无须在账面上反映。（　　）

5. 账面盘存制可能使存货由各种差错引起的短少以及非正常损失全部挤入销售或耗用的成本中，从而掩盖了存货管理中存在的问题。（　　）

6. 资产负债表日，企业存货应当按照成本与可变现净值孰高计量。（　　）

7. 合同资产是指企业因向客户转让商品而有权收取对价的权利，且该权利取决于时间流逝之外的其他因素。（　　）

8. 企业提取坏账准备时，应当借记“资产减值损失”账户。（　　）

9. 固定资产就是不动产，不动产就是固定资产。（　　）

10. 金融资产是实物资产的对称，指单位或者个人拥有的以价值形态存在的资产，是一种索取实物资产的无形权利。（　　）

11. 我国现行会计制度规定，非流动负债应当以未来应付金额入账。（　　）

12. 长期股权投资包括对合营企业的权益性投资，被划分为金融资产进行核算和管理的股权投资。（　　）

13. 资源税是国家对我国境内从事原油、天然气、煤炭、金属矿产品和其他矿产品开发以及生产盐的单位和个人征收的一种税。（　　）

14. 在实际工作中，多数企业采用表结法核算利润。（　　）

15. 将一笔制造费用记成管理费用，如果当年生产的产品全部完工并全部销售完毕，则这一错误不影响本年利润数额。（　　）

16. “利润分配—未分配利润”期末余额在借方，表示已分配利润的数额。（　　）

17. 所得税费用是当期所得税和递延所得税之和，应从当期利润总额中扣除。（　　）

18. 现金流量表的编制方法中，直接法一般以利润表中的营业收入为起算点。（　　）

19. 在间接法下，填列“财务费用”项目，应将“财务费用”本期总发生额减去属于经营

活动而且发生了现金流入、流出的财务费用发生额。 ( )

20. 追溯重述法是指在发现前期差错时，视同该项差错从未发生过，从而对财务报表的相关项目进行更正的方法。 ( )

二、单项选择题(20小题，每选对1小题可得2分)

1. 财务会计报告的目标就是向报告使用者提供相关会计信息，反映( )受托责任履行情况，从而有助于财务会计报告使用者作出经济决策。

A. 董事会 B. 监事会 C. 管理层 D. 债务人

2. 会计部门规章包括( )。

A.《财政部门实施会计监督办法》 B.《总会计师条例》

C.《中华人民共和国会计法》 D.《企业财务会计报告条例》

3. 一般纳税人甲公司购进A材料100千克，总价1 000元，增值税130元，运费89元(普通发票)，运输途中合理损耗1千克，则A材料的单位采购成本为( )元。

A. 10 B. 10.89 C. 11 D. 10.79

4. 意外事故、自然灾害造成的存货盘亏，下列处理正确的是( )。

A. 财务上作为正常损失，列管理费用；税务上作为正常损失，进项税额不转出

B. 财务上作为非常损失，列营业外支出；税务上作为正常损失，进项税额不转出

C. 财务上作为非常损失，列营业外支出；税务上作为非正常损失，进项税额要转出

D. 财务上作为正常损失，列管理费用；税务上作为非正常损失，进项税额要转出

5. 贴现是指企业将未到期的票据转让给商业银行，银行将( )支付给企业。

A. 票据面值 B. 票据到期值

C. 票据到期值—贴现息 D. 票据面值—票面利息

6. 小企业盘盈固定资产，在有关部门或负责人批准处理之前，应先( )账户。

A. 借记“以前年度损益调整”

B. 借记“待处理财产损溢—待处理固定资产损溢”

C. 贷记“以前年度损益调整”

D. 贷记“待处理财产损溢—待处理固定资产损溢”

7. 下列项目中，制造业的生产成本不包含( )。

A. 直接材料 B. 直接人工

C. 制造费用 D. 产品销售成本

8. 发出存货采用( )时，实物流动与成本流动相一致。

A. 先进先出法 B. 加权平均法 C. 个别计价法 D. 移动加权平均法

9. 企业应设置( )，对以公允价值计量且变动计入其他综合收益的债权性投资进行会计核算。

A. 交易性金融资产 B. 其他债权投资

C. 债权投资 D. 其他权益工具投资

10. ( )是固定资产现有的账面价值。

A. 固定资产原值　　B. 固定资产净值
C. 固定资产公允价值　　D. 固定资产重置价值

11. 企业从符合条件的居民企业收到股息、红利等权益性投资收益，属于(　　)调减项目。
A. 所得税费用　　B. 应纳税所得额　　C. 应交所得税　　D. 税金及附加

12. 企业收购股份责任公司，款项已支付但尚未办理股权变更手续，这时如果需要会计核算，应通过(　　)科目进行。
A. 合同资产　　B. 长期股权投资　　C. 其他非流动资产　　D. 递延资产

13. (　　)是反映企业管理水平的一项综合性指标。
A. 资产　　B. 负债　　C. 所有者权益　　D. 利润

14. 现金流量表中的现金是指(　　)。
A. 库存现金　　B. 银行存款
C. 货币资金　　D. 现金和现金等价物

15. 资产负债表中的“固定资产”项目根据“固定资产”账户(　　)填列。
A. 期末余额直接
B. 本期发生额分析计算
C. 期末余额-“累计折旧”账户期末余额
D. 期末余额-“累计折旧”账户期末余额-“固定资产减值准备”账户期末余额

16. 编制会计中期报表时，“本年利润”贷方余额 200 万元，“利润分配”借方余额 150 万元，则本期资产负债表“未分配利润”应填写(　　)万元。
A. 150　　B. 200　　C. 350　　D. 50

17. 专项储备是高危行业按国家规定提取的安全生产费以及维持简单再生产费用，相当于一种准备金性质，类似于(　　)，旨在提高企业应对风险的能力。
A. 任意盈余公积　　B. 法定盈余公积　　C. 资产减值准备　　D. 预计负债

18. (　　)与合同直接相关但又不是所订合同的对象或内容本身直接发生的费用。
A. 增量成本　　B. 合同履约成本　　C. 营业成本　　D. 生产成本

19. 当企业所得税费用分月结转时，本年利润(　　)进行会计核算。
A. 只能采用表结法　　B. 只能采用账结法
C. 既可采用账结法也可采用表结法　　D. 既不能采用账结法也不能采用表结法

20. 中国国家资产负债表的主要特点是(　　)的国家资产，为我国集中力量办大事和实现共同富裕奠定了良好的物质基础。
A. 政府拥有较大比例　　B. 居民拥有较大比例
C. 企业拥有较大比例　　D. 金融机构

三、多项选择题(10 小题，每选对 1 小题可得 3 分)

1. 对资产类会计要素的具体内容进行分类，可能形成属于(　　)的会计科目。
A. 资产类　　B. 成本类　　C. 所有者权益类　　D. 共同类

2. 非出纳人员不得经管(　　)业务。

A. 库存现金的收、付及保管　　B. 银行存款
C. 稽核　　D. 债权债务账目的登记

3. 存货是企业重要的流动资产，和企业其他类型资产相比，有(　　)特点。

A. 持有存货的目的是出售或耗用
B. 相对长期资产，存货有较强的流动性
C. 相对无形资产，存货具有实物形态
D. 存货变现能力不如货币资产，并有发生损失的可能

4. 企业采用(　　)提取固定资产折旧，符合会计信息质量的谨慎性要求。

A. 平均年限法　　B. 工作量法　　C. 双倍余额递减法　　D. 年数总和法

5. 以公允价值计量且变动计入其他综合收益的债权性投资发生减值损失时，企业应当(　　)科目。

A. 借记“信用减值损失”　　B. 贷记“其他综合收益—信用减值准备”
C. 借记“资产减值损失”　　D. 贷记“其他债权投资减值准备”

6. 收入是企业在(　　)等日常活动中形成的会增加所有者权益，但与所有者投入资产无关的经济利益的总流入。

A. 销售商品　　B. 提供劳务　　C. 让渡资产使用权　　D. 让渡资产所有权

7. (　　)其计税基础，产生的差异为可抵扣暂时性差异。

A. 资产的账面价值大于　　B. 资产的账面价值小于
C. 负债的账面价值大于　　D. 负债的账面价值小于

8. 资产负债表中“其他应付款”项目，应根据(　　)账户的期末余额计算填列。

A. 其他应付款　　B. 应付利息　　C. 应付股利　　D. 其他应收款

9. 现金流量表中的现金流量包括企业(　　)所产生的现金流量。

A. 经营活动　　B. 投资活动　　C. 筹资活动　　D. 所有活动

10. 财务报告使用者通过附注，可以了解企业(　　)等信息，从而加深对财务报表主表的理解。

A. 企业的一般情况和主要财务指标
B. 会计政策和会计估计变更以及差错更正的说明
C. 报表重要事项说明
D. 有助于财务报表使用者评价企业管理资本的目标、政策及程序的信息

业务题

业务一：(本题共 16 分)

2025 年 9 月 8 日苏喜服饰有限责任公司销售新款连衣裙 240 件给天海商城，每件售价 50 元，价款12 000 元，增值税进项税额 1 560 元。天海商城前来取货时，苏喜服饰有限责任公司收到其签发为期 4 个月的带息商业承兑汇票一张，面值 13 560 元，票面年利率为 10%(单据略)。

业务处理过程记录：

1. 收到商业承兑汇票妥善保管，并在____________上登记。(1分)

2. 收到票据。(编制会计分录，3分)

3. 票据贴现。(每算对一个项目得2分，编对会计分录得3分，本小题共9分)

(1) 计算票据到期值。(2分)

到期值=

(2) 计算票据贴现利息。(2分)

贴现利息=

(3) 计算票据贴现时实收金额，即贴现净额。(2分)

贴现净额=

(4) 编制收到贴现净额的会计分录。(3分)

4. 编制汇票到期，对方按时支付面额及票面利息的会计分录。(3分)

业务二：(本题共34分)

九星集团2025年9月与增值税有关的经济业务如下，请编制相应的记账凭证，并在表17-1上登记该企业2025年9月份的“应交税费—应交增值税”明细账。

业务处理过程记录：

1. 8日购进B材料300万元，增值税专用发票(略)注明税款39万元，材料已验收入库(入库单略)，款项也转账付讫，编制会计分录。(3分)

2. 12日，发现20 000元的B材料霉变，编制会计分录。(3分)

3. 18日销售产品6 000 000元，增值税专用发票上注明的税款为780 000元，价税款已转账收讫，编制会计分录。(3分)

4. 28 日，将 50 000 元的外购 B 材料用于职工福利，编制会计分录。(3 分)

5. 29 日转账支付本月应交增值税 500 000 元，编制会计分录。(3 分)

6. 30 日计算并结转多交的增值税，编制相应会计分录。(5 分)

7. 根据 1~6 的业务在表 17-1 上登记“应交税费—应交增值税”的明细账。(本小题 14 分，每错一处扣 0.5 分)

表 17-1　应交税费—应交增值税　　单位：元

日期		凭证（略）	摘要	借方				贷方				借或贷	余额
				合计	进项税额	已交税金	转出未交增值税	合计	销项税额	进项税额转出	转出多交增值税		
8	……	……	……	……	……	……	……	……	……	……	……	平	0
8	31		本月合计	677 300	261 300	400 000	16 000	677 300	676 000	1 300		平	0
9	8	略											
9	12	略											
9	18	略											
9	28	略											
9	29	略											
9	30	略											
			本月合计										

业务三：(本题共 12 分)

2025 年 3 月，天远公司将一项专利技术转为持有待售资产，该专利技术历史成本为 980 万元，已经摊销 200 万元，已提取减值准备 300 万元，市场上出现了潜在买家，出价 500 万元购买该项专利技术，请进行相应的账务处理。

业务处理过程记录：

1. 将该项专利技术转为持有待售资产，编制会计分录。(4 分)

2. 天远公司于2025年4月30日与丙公司签署了专利技术转让合同。合同的最后执行日期为2025年9月31日。(1分，对这些经济活动作出分析判断)

分析判断(用文字表述)：

3. 天远公司于2025年6月30日对专利技术进行减值测试，发现专利技术已减值了40万元，于是计提了减值准备。请进行相应的账务处理。(3分)

4. 天远公司专利技术于2025年9月30日完成全部转让手续，并通过银行转账方式收取丙公司500万元的价款以及30万元的增值税。请进行相应的账务处理。(4分)

业务四：(本题共48分)

长天公司2025年12月资产类、权益类账户年末余额如表17-2所示。

表17-2　长天公司2025年12月期末余额试算平衡表　　单位：元

资产类账户	方向	期末余额	权益类账户	方向	期末余额
库存现金	借	8 000	短期借款	贷	400 000
银行存款	借	895 000	应付票据	贷	190 000
应收票据	借	200 000	合同负债	贷	220 000
应收账款	借	350 000	应付职工薪酬	贷	30 000
其中：甲公司	借	500 000	应交税费	贷	15 000
乙公司	贷	150 000	其中：未交增值税	贷	11 490
坏账准备	贷	32 300	待转销项税额	贷	3 510
预付账款	借	55 000	应付利息	贷	17 700
其中：A公司	借	50 000	长期借款	贷	1 500 000
B公司	借	12 000	长期应付款	贷	340 000
C公司	贷	7 000	其中：一年内到期的长期应付款	贷	240 000
原材料	借	430 000	预计负债	贷	45 000
库存商品	借	380 000	实收资本	贷	3 000 000

续表

资产类账户	方向	期末余额	权益类账户	方向	期末余额
周转材料	借	140 000	资本公积	贷	300 000
生产成本	借	120 000	盈余公积	贷	180 000
长期股权投资	借	600 000	利润分配	借	40 000
固定资产	借	2 500 000			
累计折旧	贷	620 000			
在建工程	借	912 000			
无形资产	借	510 000			
累计摊销	贷	250 000			
合计		6 197 700	合计		6 197 700

说明：待转销项税额预计在一年内可以转为销项税额。

要求：根据表 17-2 的相关资料编制长天公司 2025 年的资产负债表(表 17-3)。

业务处理过程记录：

表 17-3　资产负债表

会企 01 表

编制单位：　　　　　　　　　　年　月　日　　　　　　　　　　单位：元

资　　产	期末余额	上年年末余额(略)	负债和所有者权益（或股东权益）	期末余额	上年年末余额(略)
流动资产：			流动负债：		
货币资金(1 分)			短期借款(1 分)		
交易性金融资产			交易性金融负债		
衍生金融资产			衍生金融负债		
应收票据(1 分)			应付票据(1 分)		
应收账款(2 分)			应付账款(2 分)		
应收款项融资			预收账款(2 分)		
预付账款(2 分)			合同负债(1 分)		
其他应收款			应付职工薪酬(1 分)		
存货(2 分)			应交税费(2 分)		
合同资产			其他应付款(2 分)		
持有待售资产			持有待售负债		
一年内到期的非流动资产			一年内到期的非流动负债(1 分)		
其他流动资产			其他流动负债(1 分)		
流动资产合计(2 分)			流动负债合计(2 分)		
非流动资产：			非流动负债：		
债权投资			长期借款(1 分)		

续表

资　　产	期末余额	上年年末余额(略)	负债和所有者权益（或股东权益）	期末余额	上年年末余额(略)
其他债权投资			应付债券		
长期应收款			其中：优先股		
长期股权投资(1分)			永续债		
其他权益工具投资			租赁负债		
其他非流动金融资产			长期应付款(2分)		
投资性房地产			预计负债(1分)		
固定资产(1分)			递延收益		
在建工程(1分)			递延所得税负债		
生产性生物资产			其他非流动负债		
油气资产			非流动负债合计(2分)		
使用权资产			负债合计(1分)		
无形资产(1分)			所有者权益(或股东权益)：		
开发支出			实收资本(或股本)(1分)		
商誉			其他权益工具		
长期待摊费用			其中：优先股		
递延所得税资产			永续债		
其他非流动资产			资本公积(1分)		
非流动资产合计(2分)			减：库存股		
			其他综合收益		
			专项储备		
			盈余公积(1分)		
			未分配利润(2分)		
			所有者权益(或股东权益)合计(2分)		
资产总计(1分)			权益总计(1分)		